U0798788

我们从哪里来？我们走向何方？中国到了今天，我无时无刻不提醒自己，要有这样一种历史感。

——习近平

摘自习近平总书记在北京会见第二届“读懂中国”国际会议外方代表时的谈话（《人民日报》2016 年 1 月 5 日）

读懂中国

读懂中国丛书

编委会：

主　　任： 郑必坚

副 主 任： 张福海　于幼军　李君如　周明伟

委　　员：（按姓氏笔画排序）

于幼军　王博永　冯　炜　李君如

邬书林　牟卫民　张福海　陆彩荣

周明伟　徐伟新　徐　步

编辑部：

主　　任： 王博永　徐　步

副 主 任： 冯　炜　胡开敏

成　　员： 谢茂松　史小今　于　瑛　曾惠杰

徐　实　黄炎霞

读懂中国丛书

读懂中国农业农村农民

陈锡文 编著

CIPG China Foreign Languages Publishing Administration 中国外文出版发行事业局
外文出版社 FOREIGN LANGUAGES PRESS

总　序

郑必坚

读者面前的这套丛书，有一个总题目，叫做：读懂中国。

为什么要提出“读懂中国”的问题呢？

你看，当今世界发生的变化，可谓天翻地覆，令人目不暇接。最大的变化，莫过于中国。

从20世纪中叶新中国成立以来，特别是最近这40年时间，就使一个多达十三亿多人口的贫穷落后的东方大国，实现了跨越式大发展，迅速成为世界第二大经济体。

人们自然会问：在中国，究竟发生了什么事情？中国快速发展的奥秘究竟是什么？

人们自然也会问：一个正在强起来的中国，和世界怎么相处？

于是乎，问题套问题，疑虑叠疑虑，“中国威胁论”、“中国崩溃论”，“修昔底德陷阱”、“中等收入陷阱”，这“论”那“论”，这“陷阱”那“陷阱”，纷纷指向中国。

毫无疑问，中国人应当坚定不移地走自己的路，把自己的事情办好。而这本身就包含着，为了回答人们的关切、问题和疑虑，必须做好一件事："读懂中国"。

为此，由我主持的国家创新和发展战略研究会发起，联合中国人民外交学会，和国际知名智库"21世纪理事会"合作，在2013年11月和2015年11月先后举办了两届"读懂中国"国际会议。

这两次重要的国际会议，得到了中共中央总书记、国家主席习近平的重视和支持，亲自到会同与会外国嘉宾座谈。国务院总理李克强和副总理张高丽分别出席了第一届和第二届会议，并在会上作了开幕演讲。中共中央和国务院许多部门的领导同志，也到会同来自世界各国的政要和专家学者进行面对面的交流，回答大家提出的问题。

会议取得的成功，给我们的最大启示是：只要直面问题，只要心诚意真，只要实事求是且生动具体地讲好中国故事，讲好中国共产党的故事，讲好中国和世界相处的故事，将大有利于关心中国的人获得新知，怀疑中国的人逐步释惑。

为此，我们设想，把"读懂中国"的国际会议搬到书本上，搬到视频上，搬到网络上，在更大的场合，用更加生动的形式，回答人们的关切、问题和疑虑。

这一设想，不仅得到了有关部门的大力支持，不仅得到了中国外文局和外文出版社的大力支持，而且得到了一批对这些问题有亲身实践经验和较深研究的专家学者和领导同志的大力支持，为丛书撰稿。

这就是读者面前这套丛书的由来。现在编辑出版的还只是这套丛书的第一辑，以后还会有第二辑、第三辑以至更多的好书问世；现在这一辑主要是中国作者的作品，以后还会有其他国家作者的作品。

不仅是丛书，以后还会有配套的电视专题片和网络视频，陆陆续续奉献给大家。

在我们看来，“读懂中国”，包括“读懂中国共产党”、“读懂中国和世界的关系”，是一个宏大的事业。

让我们共同以极大的热情，来关注这一事业、参与这一事业！

2018年3月

目 录

引　言

读懂中国农业、农村和农民，是读懂中国历史和文化的起点，也是理解当代中国经济社会现状的逻辑原点。某种程度上讲，中国的农业、农村、农民问题是一个宏大的历史和现实命题。纵向看，农业、农村和农民问题贯穿了整个中国历史发展的全过程，土地制度、税赋制度、国家治理制度的变迁演化，农业生产和工程技术的发明发展、中国特色人文精神的脉络和传承等，都与中国农业、农村的发展演变有着千丝万缕的联系。横向看，当代的农业、农村、农民问题则涉及今日中国政治、经济、社会、文化的方方面面，也是整个中国国情现状、社会变迁和人们生活方式演变的缩影。正如英国伟大的历史学家阿诺德·汤因比（Arnold Joseph Toynbee，1889—1975）所说，“我们正在寻求的因素不是某种简单的事物而是复杂的事物，不是一种统一的实体，而是一种关系”。因此，了解中国农村、农民，对理解中国的政治、经济、社会、文化演进有着不可替代的作用，而了解中国农村、农民，就必须从历史着眼，观察现实，这样才能把握中国农业农村发展的要素和内核。

中国的农业文明在世界文明的版图上独立成章，延绵不绝，已经有上万年的历史。中国的农民在千百年来的劳动实践中形成了独具特色的耕作制度、技术体系和文化理念，中国农业发展历史底蕴的深厚是令人惊叹的。在中国历代执政者心中，农业、农村和农民问题是他们在治国理政中最为关心的头等大事，因为这不但关乎整个国家的命运和经济社会发展全局，而且事关每个平民百姓的生活福祉，因而也关系政权的人心向背。早在两千多年前的汉文帝（前 203—前 157）就曾说过，“农，天下之大本也，民所恃以生也”①。自周代以来，历代皇帝都要在春耕之前率群臣亲耕，这就是“籍田”礼，以此来为天下百姓做表率。自汉代（前 206—公元 220）以来，地方的主政官员们就有一项年复一年的重要工作——“劝农”，即在春天来临时，勉励人们依据季节，重视及时耕作。中国今天的领导人习近平总书记也讲到，“没有农业现代化，没有农村繁荣富强，没有农民安居乐业，国家现代化是不完整、不全面、不牢固的”。中国的历代执政者都在他们所处的那个时代建立了各种支持农业发展的制度和政策，一代又一代不懈地推动着农业的进步，锲而不舍地一直走到今天。一句话，中国的农业文明是从历史深处走来的。

在当代中国的“三农”②问题中，尤以土地制度和粮食问题最为根结，这是因为中国农业的历史使命首先是需要养活在这片土地上生长繁衍的人们，中国农村的发展就是要让住在这方土地上的人民至少获得温饱。土地制度是一个国家的根本制度，调整着这个国家的政府与人、人与地、人与人之间基本的经济关系和分配形式，从某种程度上讲，土地问题也可以转化为粮食问题。土地制度如果不符合农业的规律和农民的愿望，粮食问题必然就难以解决。

今天的中国是 13 亿多人口的大国，如果中国自己的粮食不够了，任何国家乃至整个国际社会都不可能有帮助中国人解决吃饭问题的能

---

①见班固《汉书·文帝纪》。（文帝）诏曰：“农，天下之大本也，民所恃以生也。而民或不务本而事末，故生不遂。”

②“三农”主要是指中国的农业、农村和农民问题，统称为“三农”问题。

力。2016 年中国的粮食总产量是 6.16 亿吨，而全球粮食的贸易量却只有 3.5 亿吨左右，仅为中国粮食需求量的 54.6%，也就是说全世界所有进入国际贸易的粮食加起来仅够中国吃半年。在 1949 年中国政权发生变更之际，时任美国国务卿的艾奇逊曾预言：中国人口众多，历代政府包括国民党政府都没有解决中国人的吃饭问题，这是他们失败的原因。同样，共产党政权也解决不了中国人的吃饭问题，它必然会因此而垮台。历史证明，艾奇逊的话只说对了一半，吃饭问题确实历来是中国的一个大难题，历史上的执政者很少能够真正解决好它。新中国建立后，共产党执政的政府是否有能力解决好这个问题，当然是一个严峻的考验。到了 1994 年，当中国人均粮食拥有量超过 370 公斤时，有一个叫作莱斯特·布朗（Lester Brown）的美国学者写了一本叫《谁来养活中国？》（*Who Will Feed China*）的书，声称由于人口增加、耕地减少和人们生活水平的提高，进入 21 世纪后，中国必将出现粮食短缺，进而造成世界性的粮食危机。对于中国的粮食需求和未来前景有不同声音并不奇怪，但这无疑也给中国敲响了警钟，中国的执政者们谦逊地接受了他的忠告，比以往更加重视农业、农村、农民的发展，并将解决好“三农”问题放在了执政党和政府全部工作“重中之重”的位置。到 2015 年，中国人均粮食占有量已经超过 450 公斤。

事实胜于雄辩。从 1978 年开始的以市场化为取向的农村改革，成为中国农业发展的历史性转折点，不仅突破了计划经济体制的束缚，推动了农村经济快速发展，创造了以不足世界 9% 的耕地养活了世界近 21% 人口的奇迹，而且带动和促进了中国经济体制改革的全面展开，有力地支持了中国经济的高速增长。毫无疑问，中国粮食的供给影响着世界粮食的供给，而中国农村人口生活水平的提高则影响着全球人口减贫目标的实现。这是因为到可预见的未来，即使中国的人口城镇化率能达到 70% 以上，仍将有 4 亿多人口居住在农村，如果他们的生活得不到持续改善和提高，不但中国的全面小康社会无法如期建成，世界的贫困问题也不会得到有效解决，甚至国际经济的发展轨迹都会因此受到重大影响。因此，中国的农业农村发展不仅是中国自己的问题，更与我们这个地球村的发展进步息息相关，血脉相连。

2001年底，中国加入WTO，中国农业的对外开放程度大幅提高，中国农业与世界农业的关联程度也更加紧密。在世界贸易体系中，中国作为农产品生产大国和消费大国，对世界农业的发展格局也发挥着越来越大的影响力。走到今天，中国农业农村的发展再一次证明，中国人有决心、有能力、有智慧解决自己的吃饭问题，并能够为世界减贫事业做出自己的贡献。目前，中国人已经成功解决了自己的吃饱问题，下一步要解决如何吃好、吃得更营养健康，如何让农业的发展对环境更加友好，如何进一步挖掘农业的多种功能，使中国的农业更加有效、持续地发展，让中国农民生活得更加体面、更有尊严、更为幸福，让中国的农村社会更加和谐稳定，为人类世界的和平与发展做出更大贡献。

作为本书的编著者，要特别感谢对本书出版做出贡献的人员和机构。本书在撰写过程中，得到了中央农村工作领导小组办公室罗丹同志和张征同志的大力支持协助，一些资料的收集和部分章节的编写工作也是由他们帮助完成的。同时，感谢外文出版社的翻译为本书外文版的面世所付出的辛苦劳动。

第一章

悠久的中国农业文明

第一节　中国农业的起源与创造

1. 中国农业文明与世界文明版图

人类可考的历史以数百万年计。250 万年前，当人类刚从树上走向地面时，主要依靠采集和狩猎为生。直到 1 万多年前，农业才开始出现，并成为推动人类社会进步的重要变革性力量。农业无疑是人类迄今最重要的发明。

在历史运行的逻辑中，大势重于细节，趋势重于事件。影响农业起源的最重要因素除了人类认知能力的进化以外，气候大环境的变化，小麦、稻谷、易驯化的动物等特定物种在特定地点的生长，乃至古人可能的信仰等，都会对农业的产生起到重要作用，而其中环境的变化可能是最为直接的原因。一般认为，由于最近的一次冰川在距今约 1.2 万或 1 万年前消退，早期的人类农业便产生于那一阶段的新石器时代（距今大约 1 万年—5000 年）。新石器时代最重要的标志就是出现了农作物的栽培，而农业生产的发展则推动了人类社会分工并使城市文明在此后约 5000 年得以兴起。

在人类历史上，不少地方曾燃起过古代文明的火种，但随着时间的推移，它们又相继没落甚至消亡了。公元前 4000 年率先进入文明时代的尼罗河流域和两河流域的文明古国，相继于公元前 6 世纪和公元前 4 世纪在外族的侵入下衰亡。公元前 2500 年左右的达罗毗荼人在印度河流域建立了灿烂的哈拉帕文化，公元前 1750 年却销声匿迹。自公元前 1000 年雅利安人入侵后，印度地区长期四分五裂。美洲文明虽有辉煌成就但后来也趋于停滞。

中国是屈指可数的世界农业文明起源地之一，且在漫漫历史长河中发展从未间断，不得不说这是人类社会发展史上的一个奇迹。据最新考古发现显示，中国最早的农业起源可以追溯到公元前 1 万年以前，与西亚的农业起源基本处于同一历史时期，到了公元前 8000—前 7000 年已经相当发达。

一些考古发现甚至改变了很多传统上对中国农业发展史的认知。如过去认为小麦的原产地不在中国，是通过西域传到中国的，但安徽亳县钓鱼台出土的西周时期（前 1046—前 771）的小麦推翻了这一设想，而后来在甘肃民乐东灰山又发现了 5000 年前的小麦和大麦粒，更是将中国种植小麦的历史大大提前。

目前世界公认，古代的中国人最早培育了水稻和粟（小米），如在浙江余姚河姆渡遗址发现了距今 7000 年左右的水稻遗存，在湖南澧县彭头山等地发现了距今 8000 年左右的稻谷遗存。近年，又在浙江永康湖西遗址发现了 9000 年前的炭化稻谷，而在湖南玉蟾岩洞穴发现的古栽培稻更将人类栽培水稻的历史提前到了 1 万年前。在西安半坡遗址中发现了公元前 6000 多年前的炭化了的粟和白菜籽，是中国乃至全世界最早的同类农作物实物标本。而河北武安磁山出土的大量窖藏粟灰将中国种植粟的历史提到了 8000 年前。直到今天，中国北方人的味蕾仍然偏爱小米粥的味道，说明了人们对这种食物记忆的久远。

据《史记》记载，在 5000 多年前轩辕黄帝[①]时期，中国就已经开始种植大豆。

中华先民在很早的时候就驯化了猪、牛、羊、马、狗、鸡等六畜。汉字中的“家”字便是由“房”和“猪”这两个汉字上下构成，说明古代中国农民已懂得“无猪不成家”的道理。即便在当代中国农村，

① 中国古史传说时代的古帝。原为一个古族的名祖、华夏集团的代表人物，后被尊为中华民族的“人文始祖”。

改变户户养猪的状况也只有短短的一二十年的历史，而在远离城镇的那些村庄，家家养猪仍是较为普遍的现象，过年吃上自家养的肥猪仍然是那里的农民最为期盼的节日盛宴。

农业的产生和发展促进了人口繁衍，促进了人类定居、聚居生活乃至村落的形成。据考古发现，在新石器时代的陕西渭河两岸，就已有村落聚居点 3 万多处。在今天的中国，仍然分布着 60 万个村庄、300 多万个村落聚居点。村落的形态不但奠定了华夏文明的发展基础，而且对中国文化的形成和发展产生了非常深远的影响。

几个上古时期农业的美丽传说

1. 神农氏尝百草、种五谷

世界各地各民族都有自己的农业起源之神，如埃及的农神是 Usis 女神，希腊的是 Demetor 女神，罗马的是 Ceres 女神，墨西哥的是 Quetzalcoat 神，秘鲁的是 Viracocha 神。

在今天北京的中国农业大学西校区草坪上，伫立着一座神农氏雕像。雕塑基座上有这样一行字:“神农氏尝百草，种五谷，制耒耜，试水泉，教民稼穑泽上党太行，接济苍生润千秋万世。”塑像所刻画的这个恰如辛劳耕作之后，面容慈祥、手捧稻穗的老农，就是现在 13 亿多中国人的共同祖先“炎帝”，他已经成为中华民族始祖的化身。

神农氏是中国关于农业最早传说的重要人物。在神农氏之前，人们吃的是“行虫走兽、木实蠃蛖（螺蚌)”。后来，由于人口不断增加，食物开始不足，迫切需要开辟新的稳定的食物来源。神农氏历尽千辛万苦，尝遍百草，终于选择出可供人们食用的谷物，并教人民怎么种植五谷，如何辨别土地的地力，以及根据土地的湿度和肥力等具体情况进行种植。

神农氏不但发明了农业，还发明了农具、医药、陶器、乐器、纺织等。为了给人们治病，神农氏还亲自品尝各种野生植物，找到能够治病的草药，所以他经常中毒，他这种献身精神为后代所推崇，所以民间也称他为“药王”。

2. 后稷教农稼穑

后稷是中国有记载的上古文献中最早出现的传说人物之一，他是中国文献中出现的西周族的第一位农神，在《诗经·周颂》中即有记载。传说在远古的时候，有个叫姜嫄的女子到山野中游玩时看到了一个巨人的脚印，她非常好奇，也十分兴奋，于是忍不住去踩了踩，当她踩到拇指处的时候，身心感到受到了震动，回去以后就怀孕了。后来，她生下了一个儿子，人们认为这是踏了巨人的脚印生下的孩子，有不祥之兆，因此就把他丢弃在一个小巷里。可是很奇怪，牛马等牲畜经过时，不仅很小心翼翼地躲开这个孩子，还喂他奶吃。后来，人们又把他丢到河边，那时已经是冬天了，但又会有鸟儿飞来给他取暖，保护他不被冻死。于是他的母亲觉得这孩子比较奇异，就把他抱回家抚养长大。因为他差点儿被丢弃掉，故起名为“弃”。

当弃还是个孩子的时候，就知道自食其力，知道怎样除草，怎样种植大豆、大麦、小麦、甜瓜等各种谷物和瓜果蔬菜，而且所种作物都籽实饱满。弃也懂得把收获后的农作物加工成熟食，放在祭祀用的器皿里来祭祀祖先和天地。长大后，弃被族人推举为首领。弃带领大家从事农业生产，种植各种农作物，部族非常富裕安定。后来，担任部族联盟首领的尧听说弃非常能干，更擅长于农业，就让他掌管整个联盟的农业生产，官名为“后稷”，人们就称“弃”为“后稷”。这个部落也日渐兴盛，最终成为周（前 1046—前 256）的祖先。人们把后稷尊称为谷神，后来将他与土地神（社）合在一起进行祭祀，就成了“社稷”。社稷在中国是对国家、社会的另一称呼。在古人眼中，国家最重要的大事无非有二，一曰土地，二曰粮食。

3. 蚕神的传说

传说是黄帝的妻子嫘祖发明了养蚕。

有一次，嫘祖在野桑林里喝水，树上有野蚕茧落下掉入水碗，待用树枝挑捞时挂出了蚕丝，而且连绵不断，愈抽愈长，嫘祖便用它来纺线织衣，并开始驯育野蚕。嫘祖被后世祀为先蚕，中国历朝历代都有王后、嫔妃祭祀先蚕的仪式。在今天，北京的颐和园里，便有当年的乾隆皇帝（1711—1799，中国清朝皇帝）修建的“耕织图”景区，以体现对农业的高度重视，其中就有一座祭祀蚕神的蚕神庙，今天仍然可以看到当时的风貌。在江苏苏州盛泽镇现仍存有一座建于清代（1616—1911）道光七年（1827 年）的先蚕祠，是目前仅存的祭祀蚕桑文化的祠庙，这说明至少在清代晚期都还有祭祀先蚕祠的遗风。直到近代，在很多养蚕区的一些跟先蚕祠近似的蚕神庙里，还都供奉着“先蚕”嫘祖。

在苏州的祥符寺巷，有一座嫘祖庙，传说这里是轩辕黄帝曾经居住过的地方。在苏州的民间传说中，嫘祖是轩辕黄帝三个女儿中最小的一个，被民间蚕农亲切地称为三姑娘。传说轩辕黄帝在天庭十二神兽帮助下，发明了织丝的织机，又从三姑娘梳头的篦子上得到启发而发明了筘篾，使经线在织造过程中不再被割断。因此，这里便成为苏州丝织业祭奠祖师的地方。

《搜神记》中还有一则关于蚕桑起源的神话，颇为动人心魄。相传古时候蜀地有父女二人，父亲外出打工，留下女儿在家养马。久之，女儿思念父亲，对马戏言如能找回父亲，就嫁给它。那马听后竟挣脱缰绳而去，历经坎坷终于寻到父亲，并望着家的方向悲鸣不已，父亲大为惊奇，知家中有事便骑马回到家中。马回到家后就不肯吃食，每见女儿出入都要击蹄，父亲觉得奇怪，便问女儿怎么回事，女儿如实相告。父亲认为此事有辱家门，遂用箭将马射杀，并将马皮晒在院中。这故事慢慢传了开去，有一天，女儿和邻家女友又来到马皮前嘲笑：“你一个畜生为什么要娶一个女人呢？招此杀身之祸，何苦？”谁知话音刚落，马皮突然飞起，将女儿席卷而去。后父亲四处寻找，数天后才在一棵大树上发现，女儿和马皮同时化为了蚕，生息于树上，其茧又厚又大。邻家女友到此树取下一些蚕来饲养，由此便有了养蚕业。

2. 各具特色的中国农业发源地

从世界范围看，原始农业最早起源于山区、丘陵或高地边缘，并非起源于人们所熟悉的河流两岸冲积平原。中国原始农业以黄河流域为起点，紧随其后的长江流域、华南、西南、东南沿海、东北等地区，呈现出由高地到低地发展的轨迹，展现出从山林到平坝、从旱地到水田的特征。中国幅员辽阔，各地气候和生态环境差异很大，生产内容和生活习俗也有很大不同，“一方水土养育一方人”的特征自古便已存在。

（1）黄河流域。黄河中游的河南、陕西、山西和河北 4 省，以及甘肃东部的广大地区是中华民族古代文明的重要发祥地。在今天河北省徐水县的南庄头新石器时代早期遗存中发现了距今 10500—9700 年前的禾本科植物花粉，猪、狗等家畜骨头，以及陶器、石磨盘、石磨棒等与农业有关的物件，揭示了旧石器时代向新石器时代过渡阶段及农业文明起源阶段的场景。

中国北方人最喜爱吃的小米，是从禾本科的狗尾巴草驯化而来的。在距今 7000—8000 年前的河南中部的裴李岗、河北中南部的磁山文化遗址中，发现了大量粟类等旱地农作物种子遗存。磁山遗址中，发现了大量的猪、狗、家鸡遗骨，裴李岗遗址中发现了猪骨和猪头的陶塑，这说明当时两地农业已经进入比较发达的阶段。被大量发现于这一时期的石斧、石铲、石镰等，说明当时的黄河流域已经进入了“翻土耕种”的“锄耕农业”阶段。

1921 年，在河南省渑池县仰韶村发现的仰韶文化遗址则代表了新石器时代中期的农业文化传承。仰韶文化距今约 7000—5000 年，大约经历了 2000 年的发展。在这一时期，人们已经开始栽培水稻、高粱和芥菜、白菜等农作物，猪、狗、牛、羊的饲养也非常普遍，纺织也已经开始进入寻常百姓家，人们开始过上稳定的定居生活，真正意义上的农民诞生了。距今5000—4000年的龙山文化遗址表明，当时已进入了锄耕农业阶段，有些甚至进入了犁耕农业阶段。出土的这一时期的猪骨、陶酒器数量明显增多，可见当时生产的粮食有了更多的剩余。

（2）长江中下游流域。长江流域是中国稻作文化的发祥地，呈现从中游向下游发展的态势。比较有代表性的是距今7000年左右的浙江余姚河姆渡遗址。在400多平方米的遗址探方中普遍发现厚度在20—50厘米的稻谷、稻草和稻壳的堆积层，最厚处甚至超过了1米，折合稻谷在12吨以上。在河姆渡出土的一个刻有稻穗纹和猪纹的陶钵，形象地反映了种稻和养猪是当时联系相当紧密的两项重要生产活动。出土的生产工具中，以兽骨制造的达600多件，占到了生产工具的70%以上，骨器是当时最重要的生产工具。当时的河姆渡社会经济以稻作农业为主，兼营畜牧、采集和渔猎，可见长江下游稻作区的良渚文化在当时就已经相当发达。在良渚文化中还有一个很突出的特点，就是出土了较多的丝和麻纺织物的残片，有些麻织物的纺织水平和现在的平纹麻布已经非常近似，而且有了专门的纺织手工业生产部门。

（3）华南和西南地区。南方地区的农业虽然发端较早，但发展很不平衡，也呈现出更加多样化的特点。对广东、广西、福建等地区的新石器时代遗址的发掘显示，虽然当地经济仍以采猎为主，但原始农业已经产生，并从种植块根、块茎植物开始发展。在沿江、沿海的多贝丘遗址中的发现表明，种植业已经出现，并保留着以捕捞、采猎为主要方式的经济特点。在河流两岸的台地，以种植业为主的综合经济得到发展。

西南地区的原始农业文化特色明显。距今4000年前，在滇西洱海地区的宾川白羊村，已经有先人建立起密集的泥墙住房，他们以原始农业为主要生活来源，兼有渔猎、采集。迄今为止，西藏共发现石器时代遗址 50 多处，在昌都卡若遗址发现了几十座不同结构的房子，最大的一间双室房近 70 平方米，定居的农业村落已经出现。

（4）中国北方地区。在东北、内蒙古和新疆的广袤土地上，在新石器时代已经形成以种植业、渔猎、畜牧业为主的多元经济形态。在距今 7000 多年的沈阳新乐文化、距今 5000 多年的辽河上游红山文化和富河文化等遗址中，出土了大量的栽培黍和石斧、石铲、石磨盘等农具。在黑龙江密山新开流遗址，发现了距今 6000 多年的储藏鲜鱼的鱼窖和大批渔猎工具以及鱼骨等，表明当时的人们已经过上了较为稳定的定居生活。而在大兴安岭东侧的松嫩平原和西侧的呼伦贝尔草原，则发现了大量细石器和少量磨制石器。在距今 3800 多年的新疆孔雀河畔古墓沟遗址中发现的牛羊角等随葬品表明，当时的畜牧经济已经发展到相当程度。

古代中国这些相对独立的农业区域，在我们尚未尽知的联系中如星火般默默燃烧，最终在历史的进程中燃成连为一片的熊熊烈焰乃至遍及中华大地。而这些逐步发达起来的原始农业，终于导致了独立经营的个体家庭和超越生产者自身需求的剩余产品的出现，经济基础的改变同样深刻改变了人类的社会联系和组织方式，从而为私有制和国家的出现奠定了第一块基石。古代的中国人终将开启文明的新时代。

从成语看中国农业历史

1. 五谷丰登

中国人过春节已经有 4000 多年的历史，新春伊始，第一件事就是贴对联。人们将喜庆的对联贴在门框上，用吉祥的话语祝福来年。在今天的中国农村，老百姓最喜欢在粮垛和盛放粮食的房门上贴上“五谷丰登”四个字，以表达对来年粮食丰产的祝愿。那这所谓的“五谷”又是指哪些粮食作物?

在农业刚刚开始的时候，先民们往往把各种作物混种在一起，叫做“百谷百蔬”。后来，逐渐筛选出产量较高、品质较好的农作物品种，于是形成了所谓的“五谷”。“五谷”泛指主要粮食作物，并非只指具体的五种谷物，包括“黍（黄米)、粟（小米，稷)、稻（水稻)、麻（大麻)、菽（大豆)、麦（小麦)”等。

黍和稷（又名“粟”）是当时黄河流域乃至全国最主要的粮食作物，从新石器时代一直延续到唐（618—907）宋（960—1279）时期。黍和稷属于当地生植物，它们的抗旱能力强，生长期短，既耐寒也耐高温，对黄河流域的气候有着天然的适应性。特别是黍，最适合作为新开荒耕地的先锋作物。春秋（前 770—前 476）战国（前 475—前 221）后，新开垦的土地逐步增加，黍在粮食中的地位逐步下降。粟不但营养价值较高，而且耐储藏，带壳的粟在保持干燥的条件下可以储藏几十年而不坏，从西周开始被尊为“五谷之长”。直到今天，小米粥仍然是中国北方居民生活中不可或缺的食品。

水稻，原产于长江流域，最先由越族人将其从野生稻驯化而来。在七八千年前已经传播到淮河流域，后逐步传播到黄河流域。在大禹治水①之后，北方也发展了水稻生产。春秋战国时期，“食乎稻，衣乎锦”是王公贵族的生活写照。

中国是大豆的故乡，原产地是东北地区。大豆在英文中叫作“soy”，其发音就是“菽”字的发音。“菽”字左边下面写成了三点，说明古人已经注意到大豆根部长有根瘤。大豆大致于商（前 1600—前 1046）周（前 1046—前 256）之际才从东北传入中原地区。由于大豆含有丰富的植物蛋白，被人们称为“植物肉”。

麦，也是商周时期居民的主要粮食作物。从已有的资料来看，西方的羌族有种植麦子的传统，夏代（约前 2070—前 1600）也有种植小麦的证据。中国最早的文献《诗经》中有 9 次提到“麦”。

---

① 禹，中国古代传说时代的古帝，史前先民抗御洪水的代表人物。相传禹根据地形用堙塞或疏导的方法治水的同时，开发利用山林沼泽、发展农业生产，终于使得民有所食。禹因为抗御洪水在中国历史上世代受到敬重。

即便到了今天，作为商周故地的河南中原一带，仍然是中国第一大小麦产区，这片麦田足足种了近4000年。战国以后，石磨的发明和普及，使小麦加工成食品的方便程度大大提高，小麦的种植开始大面积推广。

麻，通常被认为是织布用的纤维作物，而不是粮食。其实，大麻是雌雄异株的植物，雄株的纤维细柔，可作为纺织原料，而雌株的籽可以食用，因此古代被列为谷物。从考古来看，中国华北是大麻的发源地，目前黄河流域已经出土了原始社会晚期的大麻籽和大麻布，麻籽确是商周时期居民的粮食品种之一，同时大麻也是织物纤维的来源。

2. 六畜兴旺

“六畜”之说最早兴起于春秋时期，指向也非常明确，即马、牛、羊、猪、狗、鸡六种牲畜。与我们今天认知不同的是，六畜开始都用于食用，后来才逐渐被用于运输、耕作、看家、狩猎等活动中。“畜”意为家养，说明它们是中国先民独立驯化而来的。在今天中国人的属相里面，这六畜也当之无愧地占据了6个重要的位置。

马，一开始为肉畜。如在《穆天子传》中记载道，周穆王（西周国王，前976—前922年在位）西游时，沿途部落往往以“食马”为献，动辄数百头。后来到中原地区开始转为役用。中国是最早用马驾车的国家，也是最早发明马镫的国家，商周时期打仗、狩猎、出游都会用到马车。春秋以后，由于车战和骑兵的盛行，马已经成为军事上的必需品，它在六畜中的地位开始凸显。在周代的车战中，每辆战车需要4匹马拉，还要配备运载粮草的牛车。春秋初年，一个中等诸侯国拥有的战车约200—300乘。以后各国兵车数量不断增长，到春秋末年至战国初期，万乘之国、千乘之国已经较为普遍。

在山东淄博市临淄区河崖头村西，出土的东周时期（前770—前256）齐国国君的墓葬中，仅他的殉马坑中就有殉马约600匹，可装备战车150多辆，相当于一个小诸侯国的全部军力，殉马排列密度平均每米2.78匹，举世罕见。

除了民间饲养马匹外，官方也有官牧。中国最早的马政开端于殷商，养马人都配有官职。如在中国著名神话小说《西游记》中，玉皇大帝招安美猴王孙悟空时，就是封他为“御马监正堂管事弼马温”，这个“弼马温”就是一个管理马匹和放马的小官职。

国之大事，在祀与戎。祭祀是当时官方非常重要的活动，而牛和羊则是重要的主角祭牲，大型祭祀活动一次动辄数十数百头，甚至上千头。牛的重要性在稳步提升，在夏代就已有养牛业，到商代已经被大量养殖。春秋时期，牛开始被用作拉犁耕田。牛耕的推广，极大提高了牛在六畜中的地位，养牛业也随之出现了繁荣，其重要性不在马之下。如在陕西扶风的制骨作坊遗址中发现的兽骨中，就包含了1306头牛的遗骸，可见在西周时期养牛业之盛。而湖南地区的商周青铜器盛行以羊为纹饰，也反映出南方养羊业较为发达。《诗经·小雅·无羊》中写道，“谁谓尔无羊，三百维群”。在周代官职中，都设有“牛人”“羊人”职位，专门管理牛羊饲养。

中国是世界上最早养猪的国家。由于猪肉是绝大多数中国普通家庭最主要的肉食，因此猪的地位极为重要。猪的这种地位从新石器时代就开始了，甚至融入中国人的“家”字之中，古代家庭基本是有家就养猪。各地的考古发现中，一直是以猪的遗骸数量为最大。

狗是最早的家畜，驯化于狩猎经济时代，进入农业时代后，狗的作用相对下降。先秦（约前8世纪—约前3世纪）农家养狗和养猪、鸡一样普遍，当时的主要作用是提供肉食。在今天中国的部分地区，仍然有吃狗肉的习惯。

在六畜中，鸡是唯一一个位列于此的禽类。可见在夏商时期，鸡无疑在饲养业中占有重要地位。在距今7300年的河北武安磁山遗址中就出土了鸡骨，据检测已经非常接近现代家鸡了。除鸡以外，鸭和鹅也于商代被驯养成功。

夏商周春秋时期，传统的家庭养殖结构已经形成。随着社会的演化变迁，六畜也逐步产生了分工，牛、马等大牲畜更加侧重于役用和作为动力来源，猪、羊、鸡、狗则主要作为肉食。中国的古人不仅驯养了以上六畜等牲畜、家禽，对鹿、象、驴的驯化也一直在进行，由于比较经济和环境气候的变化，鹿和象没有进入到今天中国的家畜行列中。

3. 剥茧抽丝

中国丝绸与中国古代文明中的造纸术、指南针、火药、印刷术这四大发明一样，都产生过世界级的影响，“丝绸之路”举世闻名。从出土实物来看，桑蚕的养殖、蚕茧的利用和丝绸的生产，早在新石器时代就已经开始了。1973年，在浙江余姚河姆渡新石器文化（距今7000年前）遗址中出土了一个盅形雕器，在这件文物上刻有四条蚕纹。1984年，在河南荥阳县青台村的仰韶文化遗址中，发现了距今5000多年的丝织品，这是迄今发现的北方最早的蚕丝。1958年，在浙江吴兴的钱山漾出土了一批丝线、丝带和没有碳化的绢片，经测定距今约4700多年，这是目前发现的中国南方最早的丝绸织物成品。在各地的新石器时代遗址中还出土有大量陶质、石质纺轮和纺锤等工具。

在中国史前传说中，黄帝元妃发明了养蚕。在过去的几千年里，桑蚕丝织与粮食生产一样重要，这也是古代政权的政治家们重点关注的产业经济和财税来源。种粮和养蚕是中国古代农村的基本经济活动，织丝和刺绣是最为普及的家庭手工业。

远在先秦时代，从黄河到长江流域的广大村野，早已是一派桑叶田田、丝衣飘飘的景象。从殷商到战国，桑树的种植面积和养蚕区域渐渐扩大，丝绸的生产也逐步发展、繁荣。自周代始，已有由周王后率领后妃们举行“亲蚕”和“亲缫”的礼仪。以每年新年皇帝亲耕、皇后亲桑的仪式为象征，中国大地几千年的社会基本图景就是田园牧歌式的农耕桑织，而“男耕女织”便是传承了2000多年的中国农家经济最基本的内部结构。

3. 领先世界的古代中国农业

在农业科学技术理论方面，见于著录的古代中国文献有近四百种，是世界上保存古代农书最多的国家，《夏小正》《氾胜之书》《齐民要术》《农政全书》《天工开物》等是代表性著作。其中，《夏小正》为中国现存最早的科学文献之一，也是中国现存最早的一部农事历书，它把天象、物候、农事活动联系在一起，奠定了传统农业生产循环观的思想框架。

二十四节气歌

在中国，有一首很有名的二十四节气歌："春雨惊春清谷天，夏满芒夏暑相连。秋处露秋寒霜降，冬雪雪冬小大寒。"

这首民谣对应的是中国一年中的二十四个节气。二十四节气是智慧的中国古代老百姓通过对自然与生活的细心观察，根据太阳在黄道上的位置划分的，相邻两个节气约隔 15 天。为了便于记忆，人们编出了二十四节气歌。

农民要按照二十四节气的变换来安排生活，指导农业生产。农业生产过程在农民那里并不是随意进行的，而是要特别关注自然物候、四季更替、气候变化和日月星辰的位置移动，农业生产要跟农时、季节对应起来。

农民都会用一些朴实的话语把这种节气与生产的对应关系总结出来，世代流传，这就是中国的农业谚语。如"春插时、夏插刻、春争日、夏争时"，"过了惊蛰节，春耕无停歇"，"六月不热，五谷不结"，"腊月大雪半尺厚，麦子还嫌被不够"，"遭了寒露风，收成一场空"，"要想多打粮，包谷绿豆种两样"，"种种甘薯种种稻，产量年年高"等等。这些朴素的民谣农谚反映了深刻的农学规律。

2016 年 11 月 30 日，中国二十四节气列入联合国教科文组织人类非物质文化遗产代表作名录。

在古代，还产生了四季、七十二候、二十四节气等服务于农业生产的节气知识。

在耕作方面，战国时期的铁制耕具、牛犁已经较为普遍，比欧洲早了1000年左右。唐代耕犁结构更加完善，出现了由一个部件构成的曲辕犁；明代（1368—1644）发明了利用辘轱和绳索牵引的人力耕地机——代耕架，它的机械原理和现代的电犁相同，表明中国古代农业机械已达到相当高的水平。汉代出现的播种工具耧车，是一种把开沟和播种结合在一起的播种机，直到今天，中国一些农村还在使用。

在耕作制度方面，中国很早就形成了精耕细作的传统，西汉时期（前206—公元25）推行起垄耕种的“代田法”以及“区田法”。

春秋时期已经发明了提水工具桔槔，东汉时期（25—220）发明了可以引水浇洒的翻车，唐代出现了提水的筒车。元（1206—1368）明之际，风力水车已经出现。

殷商时期开始使用辐条车轮，单辕用四批或两匹马拉。三国时期（220—280）诸葛亮（181—234，三国时期蜀国大臣、政治家）制成的“木牛流马”，就是一种经过改进的独轮车。

在粮食加工机械方面，汉代已经出现了役水而舂的机械以及风车等机械，这比西欧同样的机械早1400多年。晋代（265—420）发明的水力石碾和水转八磨，比西欧类似的设施早了1000多年。宋代又创造了水转九磨和船磨等加工机械，也早于西欧500年左右。

中国历代王朝都十分重视农业基础设施建设，兴建公共水利工程。夏朝时，中国就已经形成了水利灌溉的生产方式，西周时期已建立了蓄、引、灌、排的初级农田水利体系。春秋战国时期，都江堰、郑国渠等一批闻名于世的大型水利工程就已经建成。其后，农田水利事业由中原逐渐向全国发展。两汉时期主要在北方有大量发展（如六辅渠、白渠），同时大的灌溉工程已跨过长江，在南方开始兴起。魏（220—

265）晋以后水利事业继续向江南推进，到唐代基本上遍及全国。唐代中国创造了一整套河渠闸门技术，这比荷兰运河上出现的复闸早700年。宋代更掀起了大办水利的热潮。元明清时期大型水利继续发展，地方小型农田水利工程随处可见。

都江堰和灵渠是中国古代标志性的水利工程。都江堰在四川成都西侧灌县境内，是战国时期的蜀郡守李冰组织民众所造，有防洪、灌溉及航运三利，历经2200多年至今，仍在灌溉着成都平原的耕地。其最精华的“深淘滩、低作堰”六个字，在水利史上有着巨大影响。都江堰使成都平原平畴万顷，沃野千里，成为中国著名的天府之地。这一工程不仅为中国水利史上的伟大成就，在世界上也是利用自然而不破坏环境的工程典范。

于公元前214年凿成通航的灵渠，在广西壮族自治区兴安县境内，是“世界古代水利建筑明珠”。它沟通南北水路运输，与长城南北呼应，同为世界奇观。灵渠水位高出湘江，开凿工程极为艰巨。它利用“陡门”闸水，以通船运。其原理与巴拿马运河相同，只是比其早了2000余年。

第二节 4000年农业的东方思维

1.“民为重，社稷次之，君为轻”——东方的民本思想

这里的“社稷”即指国家，“社”，原指土地神，“稷”原为五谷之长——小米，主要代指谷神。土地神和谷神是以农为本的中华民族最重要的原始崇拜。“社稷”二字反映出中国古代以农立国的社会性质。据《周礼·考工记》载，社稷坛设于王宫之右，“社”代表安全的生存

空间；“稷”代表稳定的粮食来源，是国家的根本所在，人民安身立命之必需。后来“社稷”就被引申为“国家”。

“民为重，社稷次之，君为轻”是儒家学说的重要组成部分，这一观点是两千多年前中国的儒家亚圣孟子（约前372—前289，战国中期哲学家、思想家、教育家）提出来的。国家的执政者都必须以老百姓的利益为重，只有老百姓满意了，江山社稷才会稳定，君王统治集团的利益才能巩固。中国古圣先贤的这种民本思想，不仅彰显了敢于直面社会民众的勇气，也提出了顺应时代的治国之道。孟子的民本思想对后世统治者影响极大，孟子说：“诸侯之宝三：土地、人民、政事。”① 他认为，在国家的实际治理中，百姓是尤为重要的力量。因此，在经济上要富民、惠民；在政治上要宽民、爱民；思想上要教民、化民。从一定程度上讲，中国古代历代君主虽然具有至高无上的政治权力，但他们依然无法掌控社会道义的制高点，在“民为贵、社稷次之、君为轻”思想的影响下，君主的意志也要受到以道义为框架的民意的约束和制衡。

谏官：中国古代君王的法定批评者

在中国古代，有一种官职叫做谏官，他们的主要职责就是对君主的过失直言规劝并使其改正。谏官制度是制约皇帝的制度。自周及春秋战国以后，各朝都重视谏官的设置，尤其以唐代谏官机构最为齐备。其中著名的例子就是魏徵向唐太宗（626—649年在位）进谏的故事。

一次，唐太宗根据右仆射（掌管奏章文书的官员）封德彝的建议，决定全国十八岁以上身体强壮还没有服役过的男子都要去当

① 见孟子《孟子·尽心下》。

兵，但魏徵不同意。按照当时的规定，皇帝的敕令，要由谏议大夫签名才能生效。唐太宗问魏徵：“你不同意这样做，有什么理由？”魏徵回答：“臣作为谏议大夫，有义务向陛下指出，这样做违背了治国安民的方针。我朝开国后即立下‘男子二十岁当兵，六十岁可免’的规定，怎么能随便改变呢？”唐太宗非常生气，大声指责道：“你太固执己见！”魏徵毫不退让，语重心长地说道：“陛下！把河水放光捕鱼，确实能捕到许多鱼，但来年就没有鱼了；把森林烧了打猎，确实会打到许多猎物，但来年就没有野兽了。如果让十八岁以上身体强壮的男子都去当兵，今后国家的税赋徭役去向谁要呢？”唐太宗这才幡然醒悟，收回了命令。

今天中国的执政党提出的“为人民服务”的思想也是与古代的民本思想一脉相承的，具有深厚的历史渊源和民意基础。立党为公、执政为民，实现人民的愿望、满足人民的需要、维护人民的利益，是中国共产党作为执政者的根本出发点和落脚点，也是中国共产党执政最大的合法性来源。

2.“天人合一”——对循环经济与可持续发展农业的理解

作为有几千年悠久历史的农业文明古国，中国劳动人民在漫长的农业生产实践中已经逐步摸索并形成了具有中国特色的农耕制度、农学思想和农业文化。这里面最具代表性的是传统农业生产中“天人合一”[①]的生态观和物质、能量循环观，中国的传统农业之所以能持续发展，与“天人合一”的文化基因关系密切。“天人合一”思想，是中华民族五千年来的思想核心与精神实质，因此，这不仅仅是一种思想，

①“天人合一”是中国古代哲学思想，有多种解释。有的认为“天”有意志，人事是天意的体现；天意能支配人事，人事能感动天意，由此两者合为一体。有的认为“天”是自然，人是自然的一部分，人类的行为要与自然协调。这里取后一种理解，强调人要与自然和谐相处。

也是人们所追求的一种生存发展状态。

“天人合一”思想的中心理念在于人与自然和平共处，主张天、地、人、物相合相融。在中国传统哲学思想的熏陶下，中国农民对生态和物质、能量的循环有着自己朴素而独特的认知。人们认为宇宙万物都在周而复始、永不停息的运动之中，任何事物的产生、成长和消亡都是循环运动的表现，各个具体事物及其运动只是循环运动中的一个环节，循环运动是自然界与社会运行的普遍机制和规律。中国几千年农业文明长盛不衰、源远流长，很重要的原因就是受这种生态循环观的影响，这不仅表现在农业生产经营的思想上，更体现在农业生产的实践中。

中国的祖先早就认识到，要把天地宇宙的大循环与农业生产、农事活动的小循环联系起来，实现生产活动的时节安排与宇宙自然的节律周期变动同步；注重生物及其遗传多样性彼此之间的巧妙组合；强调物质和能量的循环利用。具体表现在：一是农业活动要顺乎生命自身的规律，人类农业活动本身就要融入生命体的循环往复之中。二是本着对自然气候节气规律的认识和遵循，认为农业活动的循环体现在一年四季的交替中，它要忠实地反映和遵循四季的自然变化。三是从原始农业开始就已经出现年年易地、多年循环的撂荒耕作和连耕、连撂的轮荒耕作形式，轮作轮耕的种植制度实际上正是遵循了农田循环利用的思想。轮作轮耕是农田进行休养生息的重要方式。四是中国传统农业强调物质和能量的循环利用，注意通过农业中各产业的融合以维护土壤的生态质量。几千年来，中国耕地的地力不但没有衰竭，很多土地的肥力还越来越高。主要就是因为将人畜粪便、作物秸秆等废弃物以及河塘淤泥等用于还田，培肥地力，改良土壤；利用冬季种植绿肥，春耕时将其作为底肥翻入耕地，以维护耕地土壤的有机质含量等。通过废弃物质循环再利用，实现废弃物资源化再生产，是中国传统农业的一大特征。

在今天的中国，仍然可以看到这种取之于田、用之于田的循环农业思想在农业生产中的应用。云南省的通海县素以种植高山蔬菜闻名，所种植的蔬菜在海内外大受欢迎。到过通海的人不禁会被这里美丽的景色所吸引，但更令人着迷的是这里勤劳的人们对种植蔬菜的环保主义、生态主义和对循环农业的认识和利用。这里家家户户的田亩不大，但却规整得井井有条，以水泥砌成田埂，水管埋于田埂之内，田里种植的蔬菜如军队列阵一般整齐。因为人们种菜如同绣花般仔细，所以这里的田被称为“绣花田”。在每块田的尽头都有一个沤池，所有废弃的菜叶、菜根等废料皆放于池内，待发酵沤熟后便成有机肥料，以此保持着当地蔬菜的绿色生产。这种将传统技术、现代技术和社会化服务体系相结合的小规模农户家庭生产的模式，何尝不是对中国传统农业的再一次升华和对中国农业文明的现实阐释呢？

《四千年农夫》中的“天人合一”思想

100 多年前的 1909 年，时任美国农业部土壤局局长、威斯康星大学教授的富兰克林·H. 金，携妻子远涉重洋游历中国、日本和朝鲜半岛，考察了三个东亚国家古老的农耕体系，并对整个游历过程进行了详细记录和反思，写了一本《四千年农夫》的书，这本书在西方社会引起了强烈反响，由此开始了对西方农业发展方式的反思和对东方农业发展的关注。

作为一名具有专业素质的农业旅行家，在书中，他这样写道，“东亚民族的农业在几世纪之前就已经能够支撑起高密度的人口。他们自古以来就实行豆科植物与其他植物轮作的方式来保持土壤的肥沃。几乎每一尺土地都被用来种植作物以提供食物、燃料和织物。每一种可以食用的东西都被认为是人类或畜禽的食物。而不能吃或者不能穿的东西则被用来作燃料。生物体的排泄物、燃料燃烧之后的灰烬以及破损的布料都回到土里。在处理这些废物之前，人们封装这些废物以免风化，凭借智慧，在1—6个月时间内，将废物变成最有效的肥料。事实上，相比其他国家，这些国家的土壤要更深、更肥沃和持久。这些劳动人民认为，多付出一份努力就能多一份回报，雨天和酷暑并不能阻挡或推迟他们劳作。这似乎已经成为一条金科玉律，或者简单地说，是劳动人民的常识。如果能向全人类推广东亚三国的可持续农业经验，那么农业便可当之无愧地成为最具有发展意义、教育意义和社会意义的产业，各国人民的生活将更加富足。”富兰克林·H. 金这样评价中国农民，“中国人像是整个生态平衡里的一环。这个循环就是人和‘土’的循环。人从土里出生，食物取之于土，泻物还之于土，一生结束，又回到土地。一代又一代，周而复始。靠着这个自然循环，人类在这块土地上生活了五千年，人成为这个循环的一部分。他们的农业不是和土地对立的农业，而是和谐的农业”。他对中国乃至东亚农业耕作的观察和描述是真实的、细致的。应该说，这是中国农业思想在近代对世界的一次展示，也让世界再次更加深入了解和认识了中国农业发展的成果，并展示了解决世界农业问题的中国思路。

3.“民以食为天”——历史淬炼的信念

中国人见面打招呼时，经常能听到的一句问候语是“你吃了么？”在今天看来，这种打招呼的方式有点诙谐，但就是这句略带幽默的话体现着吃饭问题在中国人心目中的重要地位。

在秦朝（前221—前206）末年，有个叫郦食其的人，很有学问。他曾经说过，“王者以民为天，而民以食为天”[①]，这是“民以食为天”的最初出处。一个政权要维持其统治，让国家变得强大，就必须把老

① 见班固《汉书·郦食其列传》。

百姓的利益放在第一位，能够让老百姓过上幸福安康的生活。而让老百姓过上幸福生活，最重要的就是要让老百姓能够吃上饭，能够解决温饱。老百姓也把能有粮食吃看作是生命的根本。

“民以食为天”的观念如此源远流长，反映了中国几千年文明史和农业的密切关系，可以说它已成为中国执政者治国理政，普通民众持家理财的最基本、最重要的核心观念。

民，之所以以食为天，其实包含着中国人对吃饭问题极为深刻甚至是残酷的理解与认知。在历史上，中国的粮食供给总体上是相对充裕的，但由于殷商末期到西周初年、东汉末年到西晋（265—317）、唐末到北宋（960—1127）初年、明末到清初的四次小冰河期，导致了中国灾荒连连。前三次小冰河期，中国人口都锐减超过4/5；最后一次状况略好，主要得益于从美洲传来的土豆、玉米和红薯，但人口也减少了约一半。再加上历史上改朝换代时战乱不断，粮食产销分布不平衡，各类史书和地方志中出现“赤地千里，饿殍遍野、人相食”的记录并不鲜见，令人不忍卒读。散见于各种史籍的这类记录，据粗略统计：尧舜时代1次，商朝1次，周朝3次，两汉15次，三国时期4次，西晋5次，南北朝时期（420—589）4次，隋朝（581—618）3次，唐朝20次，五代时期6次，宋朝8次，元朝1次，明朝25次，清朝14次，民国（1912—1949）3次。

有饭吃，既是满足人们最基本的生存需要，也是保障社会规则能够运行的最底层的那块基石。因此，中国人“民以食为天”的信条，是从无数残酷的历史经历中提炼出来的。历史也证明，解决中国人的吃饭问题并不容易，这在任何时候都是对中国执政者的最大考验。从这个角度讲，粮食安全问题始终是中国的头等大事，也是今天执政的中国共产党人的重大责任。粮食自给与建成小康社会，是中华民族多少代人的梦想，而在今天，这个梦想已经成为现实。

4.“重农抑商”——中国古代政府的基本国策

在中国2000多年封建社会的的漫漫长河中，“农本商末”是统治者和中国传统经济思想的主基调，由此形成的“重农抑商”的政治经济政策是中国古代国家治理的基本国策。对于这种思想的评价争议非常多，有人认为这保证了农业国家的稳定与发展，也有人认为这阻碍了中国工商业的发展，甚至有人认为这是导致中国出现“李约瑟之谜”的重要原因之一。

重农思想最早产生于西周时期，从春秋战国到秦汉时期渐成思想体系。春秋时期，各诸侯国之间展开了以扩充领土、掠夺财富和迫使小国臣服为目的的无休止的兼并战争。当时的许多政治家认为，发达的农业经济对战争胜利具有决定性意义，故农为“本”、商为“末”的观念很快形成。最具代表的是商鞅（约前390—前338，战国中期政治家、思想家、法家学派的主要代表人物）在秦国主持的变法，变法一方面“奖耕战、废井田、开阡陌”，确认封建土地所有制和土地买卖的合法性；另一方面又规定“谬力本业，耕织致帛多者，复其身；事末利及怠而贫者，举以为孥”、“不农之征必多，市利之租必重”[①]。

公元前221年，秦统一中国。为巩固统一，秦全面以法为治，正式以法律形式规定重农和发展农业生产。“皇帝之功，勤劳本身，上农除末，黔首是富。”汉承秦制，高乃令“贾人不得衣丝乘车，重租税以辱之”[②]。汉律规定，商人另立户籍，其地位低于普通农民。在“七科谪”中，有四科是谪发商人或其子孙的。唐朝《选举令》规定：“身与同居大功以上亲执工商，家传其业不得仕。”[③]唐还有禁止从事工商之人乘马之法令。

---

① 见司马迁《史记·商君列传》。
② 见司马迁《史记·平准书》。
③ 见《唐律疏议·诈伪》。

宋朝时商贸活动不受地域或时间限制，商业迅速发展。因宋代财政匮乏，实行国家专卖禁榷制度。除传统盐、酒、茶外，矾、铁、煤、香料、宝货等亦均被列为禁榷物种。元代经济立法以宋为楷模，对盐、茶、酒、金、铜、铁等实行官营专卖禁榷制度，以保证国家财政收入。明清时，在积极推行“重农抑商”政策时，还强行“海禁”政策。朱元璋下令：“禁濒海民不得私出海”，“沿海军民私与赋市，其邻舍不举者连坐”[①]。

清初，为镇压抗清力量，首颁“禁海令”，不许片帆下海，违者按通敌罪论处。后多次颁“迁海令”，强制闽广苏浙沿海居民内迁50里，越界立斩。康熙五十六年再颁“禁海令”，停止与南洋贸易，并禁卖船与外国和运粮出口，否则，“连船人与卖船人皆立斩”。面对沿海日益兴起的对外贸易，清王朝将有限的海外贸易均收归由政府控制的广州十三行掌握。

中国封建社会采取重农抑商的政策，归根到底是由其经济基础决定的。封建国家的经济基础是自给自足的自然经济，这种经济的主要部门是农业。农业是古代决定性的生产部门，提供给人们最基本的生活资料，农业生产的状况直接关系到国家的兴衰存亡。为此，中国的历代统治者都把农业当作根本性的大事来抓，采取一系列督促、鼓励、组织农业生产的措施，在国家经济政策上向有利于农业发展的方向倾斜。通过发展农业，封建国家可以享有稳定的按地亩征收的农业税来保证财政收入，还有利于将农民紧紧束缚在土地上以维护社会稳定。统治者认为，发展工商业不仅不如经营土地那样使生活有保障，还会加剧劳动力从土地上流失，造成种种社会问题。因此，重农抑商、以农立国就成为中国封建社会的传统治国主张。

---

①见《明太祖实录》。

第三节　中国古代的主要农业制度

1. 自然经济条件下的小农经济

晋代田园诗人陶渊明（365—427）所做的《桃花源记》这一传世名篇，描述了一处良田美水、阡陌交通、鸡犬相闻、往来种作、怡然自乐的世外桃源。其实，在漫长的中国历史中，这种理想中的小农经济生产和生活方式一直在延续和演变，直至今天。

小农经济是自隋唐以后逐步从“大农”中演化而来的。据史料记载，魏孝文帝太和九年（公元485年）颁布均田令，男子十五以上受露田40亩、妇人受20亩，男子给桑田20亩，为世业田，终身不还。唐于武德七年（公元624年）颁布均田令，规定丁男与中男，每人受田100亩，其中20亩为永业田，80亩为口分田，永业田可以继承。据已有的历史数据，中国人地比率（地亩/人口）自南宋（1127—1279）后就下降到了5.5亩/人左右，农户绝大多数耕种面积都在25亩以下。至清一代甚至下降到2.83亩/人。

所谓小农经济，特点有二：一是农业生产较为分散，集中度不强。主要是以家庭作为生产生活的基本单位，农业生产与畜牧业和其他手工业生产相结合。二是其生产的主要目的是为了直接满足生产者自己的消费和缴纳税赋，而不是为了交换及牟利的需要，是一种自给自足的自然经济。

中国小农经济的形成有多种原因。一是人口的增长。自商周至公元纪年之初，中国人口约为6000万。至北宋期间的12世纪初，人口突破1亿。在明代超过2亿以后，明末清初又降为不足1亿，至19世纪中叶达到4.3亿。二是农民对地主阶层的依附。中国自春秋以后即确立了土地的私有制度，允许买卖土地，也必然引起土地兼并。历史上大地主占有大量土地，而自耕农和依附于地主阶级的佃农只能以小农的形式存在。三是税赋制度。在清代初期，田赋收入一般占到财政收入的 80% 左右。大量佃农向地主缴纳的地租成为较易归集和控制的税收源泉，因而这样的经济组织形式对国家征税显然更为有利。

认识中国的农业问题，就必须认识和了解小规模经营的农户将长期在中国存在的现实。即使中国的人口超过了 14 亿，城镇化率达到了 70%，也还有 4 亿多人生活在农村。而要改变这种小规模、分散的农业经营方式，是需要制度和技术进步为条件的，也是需要时间的。因此，小规模经营的农户经济在相当长时期内仍将是中国农业的基本面，而这种状况的改变，将是一个长期的历史过程，需要有足够的历史耐心。同时，也应当看到，尽管当今中国仍有大量的小规模经营农户，但它们与历史上的小农经济有着本质的区别，因为它们中绝大多数的生产目的都是为了将产品用于市场交易，而不是为了自给自足。

2. 从井田制到土地私有制

中国历史上的土地制度相当复杂，种类上有井田制、限田制、占田制、均田制等等，性质上有公有制、私有制、军屯制等等。

在西周时期，土地实行国有制，叫作井田制。《诗·小雅·北山》说：“溥（普）天之下，莫非王土。”周天子代表国家来行使土地的所有权，把土地层层分封给诸侯，诸侯将受封土地分赐给卿大夫，卿大夫把土地再分赐其子弟和臣属。周天子对所封土地有予夺之权。各级受封的贵族对土地只有使用权，没有所有权，只能世代享用，不能转让与买卖。受封者还要向天子承担义务——交纳贡赋。所谓井田，其实是一种形象的说法。西周时期，土地被划分为一份份有一定面积的方田，周围有经界，中间有水沟，阡陌纵横，就像汉字中的“井”字。

一人耕种大约100亩（约合今天的70公亩），100亩为一个方块，称为“一田”。从对土地的管理方式来看，主要采用“国野制度”[①]，这也是最原始的“城乡二元体制”，“国人”对土地具有完全的所有权，而“野人”仅有土地使用权。“国人”和“野人”分别采用“彻法”和“藉法”两种不同的税赋方式。彻法，是按照土地收获量的1/10上缴，也就是所谓的“九一而助”，这也是后来“什一税”的前身；藉法，即将宗族的奴隶以10家编为一个耕作单位，一起耕作于主人的“藉田”（又称为大田、公田）之上，公地的收成归公之后才能耕种自己的那份小田以谋生，实际上相当于“野人”为“国人”服劳役。

从西周末年到春秋战国时期，井田制逐步走向授田制。产生这种转变的主要原因是铁制农具的广泛使用和牛耕技术的推广，生产力水平的提高使一家一户的小农生产成为可能。由于奴隶们更愿意在“私田”上耕作，同时贵族之间通过转让、互相劫夺、赏赐等途径转化的私有土地也在急剧增加，公田开始逐步荒芜。

春秋时期的各诸侯国也尝试着从不同角度进行土地改革。当土地逐步转变为国家所有后，再以国家的名义将田地分配给个人。授田之后，建立阡陌，将占有权和使用权固定下来。这样，战国时期在总体上进入“授田制”时期。由于土地一经授予就可以世代传袭，所以授田制虽然是在国有土地上实施的，但结果却使土地走向私有制。后来，再经过秦朝的“使黔首自实田”[②]，即允许农民自行开垦荒地，垦种之后即可为私有，这就宣告了国家开始明确承认私有制的土地。至此，土地的国有制与私有制开始并行发展，构成了中国封建土地制度的总体格局。

①“国”为统治阶层的聚居区，“野”为被统治宗族的聚居区。前者称为“国人”；后者称为“野人”，是“国人”的奴隶。

② 见司马迁《史记·秦始皇本纪》。秦始皇三十一年（前216年），诏告天下“使黔首自实田”。

两汉时期，土地主要分为国有和私有两大所有制形式。国家主要拥有山林川泽、公田[①]、草田[②]及苑囿，对这些土地一般采取直接经营或者通过租赁等形式经营。对于私田，则明确赋予了可自由交易的权利[③]。

曹魏时期实行屯田制与户调式。屯田主要有军屯和民屯两种。军屯主要以营为建制单位[④]，生产的谷物全部上缴国家，耕作的将士则按日或月来领取自己的生活用品。民屯则是由大司农统一管理，按照分成制进行谷物的缴纳。

两晋南北朝的土地制度主要以占田制与科田制为主。一般允许农户占有高于其科田数量以上的亩数，男丁占田一人 70 亩，其中科田 50 亩，女子一人占田 30 亩，其中科田 20 亩。实际上，农户占田往往小于法定额度，但课税亩数不变。这里需要说明的是允许品官占有大量的土地，但同时又对士族占地的最高额度提出限制。同时士族的土地没有科田，还可以养佃户，而佃户不必负担国家税赋。这种占田制在一定程度上鼓励了农户对荒地的开垦，同时对土地兼并行为有了一定限制。

北朝（386—534）到隋唐中叶实行均田制与租庸调制。北魏（386—534）颁布的均田令规定男、女、奴婢都可以接受授田[⑤]，所受之田分为露田（即农田）、桑田、麻田，其中露田、麻田在免科或死后要收归国有，而且不允许买卖；桑田为世业田，可以继承，不用归还国家。由于

---

① 公田主要来源于三个途径，一是政府组织的屯垦，二是政府没收的私田，三是接收的抛荒地。

② 草田，主要是指没有进行开垦的荒地。

③ 如西汉初年，萧何便“多买田地”，张禹“多买田至四百顷，皆泾渭灌溉极膏腴上贾”，东汉吴汉之“妻子在后买田业”，甚至东汉灵帝也“还民间买田宅起观第”。

④“五里置一营，营六十人，且佃且守”，并且家属与将士不在同一地区居住。

⑤ 魏孝文帝太和九年（公元 498 年）颁布均田令：男子十五以上受露田四十亩，妇人二十亩。耕地与休耕地分别相连，便于管理；男子给二十亩桑田，为世业田，终身不还。奴婢受田与良人相同。露田与麻田不准买卖，宽乡（地广人稀之地）任力耕垦，不加限制。

这是将公田与私田合一后以统一标准进行分配，所以也是一个将国有土地逐步私有化的过程。在管理上是均田制、三长制[①]与新租调制[②]三位一体。到唐朝时，均田制得到了进一步完善，随着人口的增长，只对男丁和寡妻受田，在百姓受田中已经分为永业田和口分田[③]，也就是现在所说的责任田和口粮田，其中口分田在人丁死亡后要由政府全数收回，而官吏则皆受永业田。对于土地买卖，原则上不允许百姓买卖永业田、口分田，但当百姓迁移和死亡时可以买卖永业田，甚至可以买卖住宅和口分田，但买卖土地的数量不能超过本人应占的法定额度；而贵族官僚的土地可以自由出卖、典押、租赁，具有完全的产权。在这种情况下，对土地买卖的限制更加放宽，因此，土地随着时间的推移有了更大规模的集中，同时也造成了农户大量流失，形成流民。

宋朝时期对土地实行"不抑兼并"。宋朝对土地的直接控制非常有限，自立国之初就采取了"不抑兼并"的政策，却没有带来土地的大规模集中，这是由于土地在兼并的同时也引起了地权转移和分散的加速。《涧谷遗集》卷一罗椅《田蛙歌》中载："古田千年八百主，如今一年一换家"，就是对当时地权流转迅速的真实写照。土地交易基本采取"以钱购田"的模式，有钱就可以买田，无钱就可以卖田，其中仅有的限制性条款仅为亲邻有优先购买权。由此可见，土地交易的市场化程度是非常发达的。这也促使宋朝制定了相当严密的土地买卖交易规定，如对土地交易的中介组织、所有权凭证、买卖契约、契约书写内容、

① 三长制，即五家为邻，设一邻长；五邻为里，设一里长；五里为党，设一党长。这些设置主要是校订户籍，查实田数，协助政府管理。

② 新的租调制主要打破了魏晋时期的"九品混通"，采取一夫一妻的缴纳单位进行麻、棉、布、帛的上缴。

③ 唐王朝于武德七年（公元624年）颁布均田令和租庸调法。其中均田制规定：丁男与中男，每人受田一百亩，其中二十亩为永业田，八十亩为口分田。人老的时候政府收回五十亩口分田，死亡后，剩余口分田全部收回，另行分配，而永业田可以继承，寡妻妾给口分田二十亩。而进行工商业者，永业田和口分田各减半，在狭乡者不授。

交易时所用现金及土地过户等等，都作了详尽和细致的规定，已经具有了现代市场经济的相关元素。

元代则主要以官田、屯田为主，开始变宋朝的“以钱占田”为“以权占田”，由于元朝的农业生产基本是为其军事战略服务的，因此屯田占据了主要位置。

明清时期土地的市场化程度明显增强，地权被从各种性状的土地上进一步分解与剥离。就明朝来看，其官田出现了进一步私有化的趋势，逐步向民田转化。明中叶以后，土地主要集中于官绅之家，土地转移更加频繁。从地权分配来看，明清时期土地的商品化与市场化程度进一步增强，已经出现土地股份所有制，并且将土地权利分为“田面权”与“田骨权”，分别进行经营。在清一代几乎有 1/4 的土地属于股份所有制，出现了以佃农、自耕农为主的农户耕作形式，这种形式一直延续到中国实行土地改革[①]之前。

3. 绵延 2600 年的农业税赋制度

2005 年 12 月 29 日，第十届全国人民代表大会常务委员会第 19 次会议决定：中国第一届全国人民代表大会常务委员会第 96 次会议于 1958 年 6 月 3 日通过的《中华人民共和国农业税条例》（以下简称《农业税条例》）自 2006 年 1 月 1 日起废止。同日，国家主席胡锦涛签署第 46 号主席令，宣布全面取消农业税。自此，农业税彻底退出了中国历史舞台，但很多人并不知道，农业税这项制度在中国历史上已经至少运行了 2600 年。

“财者，为国之命而万中之本。”在以农业为主要产业的中国古代社会，其赋税制度含义很广泛，一般包括：以人丁为依据的人头税，

① 指中华人民共和国建立前后进行的农村土地改革制度。

即丁税；以户为依据的财产税，即调；以田亩为依据的土地税，即田租；以成年男子为依据的徭役和兵役；以及其他苛捐杂税等。中国赋税历史源远流长，《路史》里面就有“神农之时，民为赋，二十而一”的说法。从4000多年前的夏代开始，就出现了“贡”。

一般认为，中国最早的按地亩征收的农业税是从公元前594年由鲁宣公实行“初税亩”制度开始的，这项政策可称为现代税收制度的鼻祖。在实行“初税亩”田赋制度之前，鲁国施行按井田征收田赋的制度，私田不向国家纳税，因此在私有土地逐步增加的背景下，国家财政收入占全部农业产量的比重不断下降。鲁国实行初税亩，即按田亩征税，不分公田、私田，凡占有土地者均按土地面积纳税，税率为产量的10%，按实物征收。更为重要的是，对私田的征税等于承认了土地的私有制，国家可以凭借政治权力向土地所有者征收税赋。

这种租税制一直延续到秦、汉、两晋。北魏实行均田制，至唐发展成为租庸调制。安史之乱（755—762）后，唐开始实行以土地、财产为征税标准、分夏秋两季征收的“两税法”。“两税法”一直沿用到明代。明朝中期，张居正（1525—1582，明朝政治家）提出了将田赋、徭役和杂税合并的“一条鞭法”。清朝建立以后，在田赋征收上仍沿用“一条鞭法”，雍正年间（1723—1735），实行“摊丁入地”，简化征收手续，完成了赋役合一。

这里重点介绍一下中国古代比较有特色的几种税赋制度。那就是唐朝的租庸调制和两税制、明朝的一条鞭法，以及清朝的摊丁入亩。

唐王朝的税赋制度是以均田制为前提，实行租庸调制，主要是以征收谷物、布匹或者为政府服徭役的形式。此制规定，凡是均田人户，不论其家授田是多少，均按丁交纳定额的赋税并服一定的徭役。具体而言，就是每丁每年要向国家交纳粟二石，称作租；交纳绢二丈、绵三两或布二丈五尺、麻三斤，称作调；服徭役二十天，闰年加二日，是为正役，国家若不需要其服役，则每丁可按每天交纳绢三尺或布三尺七寸五分的标准，交足二十天的数额以代役，这称作庸。这一税赋制度在均田制的前提下是有效的，但随着唐中后期人口的增长和土地的兼并，均田制遭到破坏，大量失去土地以及没有获得足额授田的农民无力承担租庸调制下的赋役义务，国家财政大幅下降。为解决财政危机，唐德宗建中元年（780 年），宰相杨炎主持制定两税法。该法取消了原来租庸调法按人丁为依据征收赋役的做法，改为以户为单位，按土地、财产多少分别征收地税和户税两项税收。两税法按土地及财产征税的做法，有利于税收的均衡负担，是符合当时实际的措施。执行的结果是朝廷的税收有明显增加，对稳定唐王朝的统治起到了一定作用。

明代的经济仍以农业为主，农业税和田赋是国家最大的财政进项，辅之以丁赋、差役。明代初行两税法，田赋分夏税、秋粮，中叶以后改行一条鞭法，赋、役渐有合并之势。明初年，对全国大部分地区的户籍、土地状况进行了清查，编造了记载户籍的“黄册”和记载土地状况的“鱼鳞图册”，作为征收赋税的依据。明中叶以后，由于赋税沉重，百姓逃亡严重，原有的赋税制度日渐失效，严重影响财政收入。为此，自嘉靖十年（1531 年）起，推行“一条鞭法”的赋役改革，将各种赋役尽可能归并为几项货币税，以征收货币代替征收实物和征发差役。其主要内容是以土地为主要征税对象，以征收白银代替实物的征收；以县为单位统计差役、杂役所需人力、物力的总额，平摊到全县土地税中，作为土地税一并征收白银；另外将各种“均徭”改为按人丁数征收白银，称为“丁银”，由官府自行征收解运代替原来的“民收民解”。一条鞭法是中国古代赋役制度的一次重大改革，它以货币税代替实物税，结束了历代以来以征收实物为主的国家税收方式，废除了古老的因直接摊派劳役而限制农民人身自由的赋役制度，使人身依附关系有所松弛；以资产计税为主代替原来以人头为主的税收制度，有利于税赋的合理分担。该法的推行反映了明朝商品经济发展的要求，反过来又促进了商品经济的发展。

清初以来，随着经济发展、人口增加，以及土地买卖的放开，将人口与土地绑缚在一起已经越来越困难。康熙五十一年（1712年）上谕宣布“盛世滋生人丁永不加赋”，这是一种将役银归于赋银，将人丁税并入土地税一并征收的赋税制度，废除了实行了2000多年的人头税，这是中国封建社会后期赋役制度的一次重要改革，客观上为最底层农民的人身控制实行了一定程度的松绑。地丁合一（摊丁入亩）使得土地的开垦和人口的增加达到了历史空前水平，对中国社会的发展产生了深远影响。至乾隆中期（18世纪中后期），中国人口已达3亿以上。地丁合一的政策于康熙五十二年（1713年）户部遵旨议准为定例，于雍正三年（1725年）修律正式作为条例纂入律中。地丁合一作为一项重大政策，在律例中特设专条，表明这项关系国计民生的决策已经有了法律地位。

4. 平粜法与常平仓

1929年10月，历史上空前的经济大危机在美国爆发，之后的大萧条使农业受到的打击尤其严重，农产品生产者价格指数由1928年的64.8下降到1932年的29.5，农场纯收入由61.5亿美元下降至20.3亿美元。罗斯福上台后，1932年3月，华莱士临危受命担任了罗斯福政府的农业部长，并于1934年、1938年颁布了两个《农业调整法》，其核心思想就是在主要农产品出现过剩时，由国家对农民发放储存农产品的“无追索权”贷款，实行价格保护；在仓储爆满时，国家实行农产品的配额销售，保证农民不竞相降价，以避免引发市场混乱；在农产品不足时，国家用常平仓的储存补足市场需求，维持农产品市场价格的稳定。华莱士在他的日记中提到，他的这一设想来自中国留学生陈焕章在其博士论文《孔子及其学派的经济原理》中对中国常平仓制度的介绍。

早在公元前422年的战国时期，魏国的相国李悝（前455—前395）就开始实行“平籴法”，以法律规定将丰年和灾年各分成大、中、下三等。在大丰之年，由官府籴（买）入农民粮食的四分之三，留四分之一；中丰之年，籴入三分之二，留三分之一；下熟之年，籴入二分之一，留二分之一。遇到天灾人祸或粮食歉收的年份时，再由官府卖出粮食，大灾之年则把大丰之年买进的粮食全部卖出，以平衡粮食价格，防止商人垄断粮价，稳定农业和市场供求。

汉武帝（前141—前87年在位）时，桑弘羊（前152或前141—前80，汉武帝时大臣）发展了上述思想，创立“平准法”，依靠政府掌握的大量钱帛物资，在京师依市场供求状况贱收贵卖以平抑物价。到汉宣帝（前73—前49年在位）时，中国则正式建立了常平仓制度。宋代宰相王安石进一步改进了“常平仓”制度，即在粮食收获前，由政府借钱给农民，收获后交税时，农民可以以谷物抵值还债，如果还债时市场谷物价格上涨，农民可以归还现金，这就是美国的“无追索权贷款”的前身。宋朝常平仓的粮食储存量大约相当于一年粮食消费量的1/6，而联合国粮农组织对于世界各国粮食储备的最低要求为常年消费量的17%—18%，二者相当。

5. 京杭大运河与南粮北运

京杭大运河是沟通中国南北水路交通的大动脉，是世界上最长、最古老的一条大运河。这一工程北起北京，南迄杭州，纵贯冀、鲁、苏、浙，沟通海河、黄河、淮河、长江、钱塘江五大水系。历史上曾三次开凿，第一次是最早开凿于公元前486年的春秋时期的邗沟，是

第一条联系长江和淮河的古运河，第二次是在公元605年的隋唐时期，第三次是在13世纪元朝定都北京后。公元1293年，全线贯通，前后持续了1779年。已有2500多年历史的这条运河，其部分河段至今仍有通航功能。

中国古代为什么要修凿这样一个旷世的超级工程呢？在中国古代，政治和经济重心一直在黄河流域，北方的经济比南方先进。但到魏晋南北朝时期，社会开始发生深刻变化。400多年的混乱使北方经济受到严重冲击，南方经济则获得迅猛发展，江浙、两广、两湖一带成为中国粮食生产和供应的主产区，成为“鱼米之乡”，当时民间就有“湖广熟，天下足”的说法。隋统一全国后，为加强对南方的管理，实行了将南方的粮食、物资运往北方的措施，隋炀帝遂决定开凿京淮段至长江以南的运河，全长2000多公里。

自京杭大运河开凿以后，历朝历代，直至清朝后期，无论是大一统时期的政权，还是分裂时期的政权，都注重对运河的疏凿与完善，充分利用运河实行漕运，京杭大运河成为中国南北水运干线。据记载，明朝京杭大运河从南向北运粮的漕船达9000多艘；清朝每年从南方征收北运的漕粮多达5.4万吨。此外，明代北方棉花种植很普遍，江南纺织业发达，结果自然是棉花南运、布匹北运，每年要有数十万匹苏杭织造的丝、棉织品运抵京城。

13世纪的意大利旅行家和商人马可·波罗曾在他的《马可·波罗游记》中记载了他沿京杭大运河南行，辗转于苏杭，最终抵达刺桐港（福建泉州）。对运河两岸的每一座城镇他在游记中都给予了赞美：将陵（德州）段运河上南北运输商品极多，最多的是丝、香料。济宁的商业手工业很发达，“船只多得令人难以相信”。对于元大都的繁华盛景，他是这样描述的，“比较大的码头、最热闹的景象应集中在离鼓楼最近的银锭桥、烟袋斜街一带，最盛时，积水潭舳舻蔽水，盛况空前”。

在此后的600年间，京杭大运河成为真正意义上的南北交通要道，商运繁盛，运河两岸兴起数十座商业城镇，对中国经济发展的贡献难以估量。京杭大运河对中国南北地区之间的经济、文化发展与交流，特别是对运河沿线地区农业、手工业经济的发展和城镇的兴起均起到了重要的推动作用。直到19世纪海运兴起，后随着津浦铁路通车，京杭运河的作用才逐渐减弱。

6. 传统村落中的血缘关系和宗族制度

基于传统农业的发展，在中国广袤的土地上，散布着数百万计的自然村落。这些村落形成的时间从几十年到数千年跨度不等，人们习惯于在世代定居的村庄中度过一生。村民都以务农为主，村民之间的生产活动相差不大，父辈与子辈之间从事的生产活动也基本相同。家庭是农村社会生活的核心，农村家庭不仅是经济生活的中心，而且是社会交往、教育和娱乐的中心。依靠家庭，村民代代相传着传统的道德、伦理、习俗等社会规范，以家庭为核心，村民守望相助，共同生活、劳动、祭祀和娱乐等。

许多村落在形成之初就主要以血缘为联系纽带，逐步形成庞大的一个或几个家族体系，村落社会成员具有紧密联系，而后逐步形成地缘、血缘相互融合的利益共同体，因此，农村中的家庭观念、血缘关系相当浓重。农村中人们交往的对象也主要属于血缘和地缘的联系，即宗族、亲戚、邻里，而不像城市那样主要是近亲和业缘的关系。

在农村节日习俗方面，存在着大量传袭了千年以上的风俗：除夕辞岁的年祭和吃团圆饭，农历正月十五的元宵灯会和吃元宵，清明节的祭祖扫墓和踏青郊游，五月初五端阳节门挂菖蒲艾叶、赛龙舟及吃粽子、饮雄黄酒，农历八月十五的中秋赏月和吃月饼等。这些民间风俗无论时代和地域有多少差异，其标志性的主要内容和形式都被人们世代相传而承袭下来了。

在不同时期，家族与国家的关系及家族的治理方式不尽相同。春秋战国前，家族治理表现为家国不分、周王的一族治理；东汉至南北朝时期则表现为少数豪门大族对农村社会的控制，而宋代以后则是大众化的家族对农村社会的组织与管理。但在这种变迁中有一个共同的基本特征，便是“吏治不下乡”，即官府不直接参与对农村社会的管理，而是依靠家族、宗族的内在制度来实现对农村社会的管理和控制。时至20世纪30年代中期，政府尽管力求以地域性行政组织取代家族组织以削弱其权力和地位，但依然依托家族来行使权力，主导着乡村基层社会的治理。

新中国成立以后，家族宗族的势力受到严厉限制，丧失了组织和行为上的合法性，也不再成为乡村社会治理中的组织形式。但农村内部的血缘地缘关系是长期形成、客观存在的，尤其是农村传统的伦理道德和村规民约大多直接与此相关，村民集聚而居、血脉相联、守望相助、鸡犬相闻的状况也绝不是短时期内就可以改变的。中国式农村的村庄社会将会长期存在，并对农村的经济、社会、治理、文化等方面产生深刻的影响。当然，随着经济社会的发展和人们生活方式的变迁，农村社区也会呈现出越来越明显的时代特征。

第二章

对中国农业农村发展道路的艰难探索

中华人民共和国建立后，农业农村的发展道路在艰辛探索中曲折前进。从建国初期在战争的废墟上白手起家，到充满激情的实行人民公社；从分田分地的土地改革到实行农村土地的集体所有制；从单家独户闯生活的传统经营到互帮互助的农村合作制；从乡绅宗族的家长式治理到农民群众参与对乡村社会的民主管理。中国农村突然从几千年的传统中猛地蜕变出来，既带着对未来理想无尽的向往，也带着对未来探索的彷徨与迷茫。激情与成就、代价与挫折是那个时代的孪生兄妹，但那个传奇时代也为此后的中国奠定了独特的基因，注定了中国农业农村的现代化路径的独特性，也在很大程度上注定了中国现代化建设的独特性。

第一节　一穷二白与百废待兴的新中国

1. 凋敝而濒于破产的中国农村

自 1840 年鸦片战争[①]开始，海外列强就以坚船利炮打开了中国的大门，自此中国开始逐步沦落为半殖民地半封建社会。列强的入侵固然带来了一些新的发展因素，但其实质是：在逼迫腐朽没落的封建王朝签订一系列丧权辱国条约的基础上，不仅霸占了中国的广大领土，严重破坏了中国的国家主权，而且给中国经济造成了严重破坏。谋求暴利的国际资本不仅控制了中国的金融、航运、铁路、矿山等国民经济命脉，将中国变成了极度廉价的劳动力和原料的来源地，变成了各列强国内过剩商品的倾销场所，压制了中国民族经济的独立发展，使中国传统的农户经济、小手工业者和相当部分民族工商业企业被挤压到了崩溃的边缘。

半殖民地半封建社会给农村造成的破坏极度严重。中国作家叶圣陶（1894—1988）创作的《多收了三五斗》一文形象刻画了农民只能以极低价粜米的场景，深刻反映了在洋米进入中国市场、米行垄断市场、农民极度缺乏现金等背景下的悲惨命运。中国作家夏衍（1900—1995）创作的《包身工》一文则揭示了西方资本在上海办纱厂残酷剥削工人的情况，女工“芦柴棒”近乎奴隶般的命运就是当时中国工人们在洋人所开工厂中境遇的真实写照。

---

① 指 1840 年至 1842 年英国对中国发动的侵略战争。1840 年，英国政府因中国反对输入鸦片，借口保护通商，派兵侵略中国。中国军队在两广总督林则徐领导下进行了抵抗。广州人民自发地组织武装抗英团体，打击英国侵略军。福建、浙江等地人民也自发地掀起了抗英斗争。1842 年英国军队侵入长江，迫使清政府同英国侵略者签订了中国近代史上第一个不平等条约《南京条约》。

此时中国的生产资料大多被地主阶级、买办资本、国外资本占有，农民不仅要接受他们的剥削，而且还要承受国民党政府和地方军阀多如牛毛般的苛捐杂税和劳役。1949 年以前，中国农村一半以上的土地归属于只占人口 9% 的地主和富农，而占人口大多数的贫农、雇农（给地主、豪绅干活的长工、短工、佣人等）、下中农则无地或占有很少的土地。由于农业生产长期受到战乱的破坏，加上华东、华北等地遭遇严重自然灾害，农村的劳动力和生产工具都大为减少。从华北、山东、东北等地的情况来看，与抗日战争[①]爆发以前相比，水利设施大量毁损，劳动力减少 1/3，耕畜减少 36%，犁、耙、锄、镰等简单生产工具都缺少 40% 以上[②]。

有学者估计，1840 年，中国的粮食总产量为 21.68 万市担，1949 年下降为 21.62 万市担，而人均粮食占有量却从 542 市斤下降到 476 市斤。1840 年，中国的种植业、畜牧业、副业的增加值分别为 75.43 亿元、8.04 亿元、2.55 亿元，1949 年分别为 78.89 亿元、7.80 亿元、7.73 亿元。总的来看，在上述的 110 年间，中国的农村经济是停滞不前甚至有所倒退的。尽管在 20 世纪 30 年代前半期曾经出现过较快的经济增长现象，1936 年的粮食总产量曾经达到 27.74 万市担，种植业、畜牧业、副业的增加值分别达到过 120.72 亿元、9.61 亿元、10.11 亿元，但这一时期非常短暂[③]，抗日战争全面爆发后农村很快就进入了凋敝状态。

在半殖民地半封建社会中，农民过着毫无政治自由权利、饥寒交迫的生活，其贫困和受剥削的程度世所罕见。全国经常有数千万人靠

① 1931 年 9 月至 1945 年 9 月，中国人民抗击日本侵略的民族解放战争，是世界反法西斯战争的重要组成部分。中国人民经过艰苦卓绝的长期抗战，付出了巨大牺牲，终于彻底打败了日本侵略者。抗日战争的胜利是近代以来中国人民第一次取得反对帝国主义侵略战争的完全胜利，对世界反法西斯战争的胜利做出了不可磨灭的伟大历史贡献。

② 参见《中华人民共和国经济档案资料选编（1949—1952）》（农业卷），中国社会科学出版社 1991 年版，第 3—5 页。

③ 参见莫曰达《1840—1949 年中国的农业增加值》（《财经问题研究》，2000 年第 1 期，第 14 页）。

逃荒要饭为生，过着流离失所、衣不蔽体、食不果腹的生活。饥民沿街乞讨、饿殍遍野，卖儿鬻女、妻离子散的情景比比皆是。1945年，仅在甘肃一省就有30万人背井离乡、外出逃亡。在上海滩的某个严寒的早上，环卫工人一次就清理出300多具饿死和冻死的尸体。在广大农村，每当水、旱、蝗、疫等灾害发生时，便发生大饥荒，出现人口大量死亡的现象。

贫困和饥饿造成的直接后果是人口增长率的下降。在民国长达38年的时间里（1912—1949年），中国人口仅仅增加了1亿人，即由4.4亿增至5.4亿。其增长速度大大低于清朝政府统治时期，年均死亡率高达29‰左右。美国驻民国时期的最后一任大使司徒雷登说过：1949年以前，中国平均每年有300万—700万人死于饥饿。有人估计，整个民国时期中国人口非正常死亡超过2亿人。

2. 极其薄弱的工农业基础

1949年10月1日，那是一个亮丽的秋日。在新中国刚设定的首都北京，30万军民在天安门广场集会，隆重举行中华人民共和国的开国大典。毛泽东宣读中央人民政府公告，向全世界庄严宣告中华人民共和国成立了。然而，刚刚成立的新中国所面对的，却是一个久经战乱破坏、满目疮痍的烂摊子。毛泽东在他著名的文章《论十大关系》中这样描述当时的情况："我们一为'穷'，二为'白'。'穷'就是没有多少工业，农业也不发达。'白'就是一张白纸，文化水平、科学水平都不高。"

"穷"，是不言而喻的。在半殖民地半封建时期的中国，经济整体发展水平相当落后。在20世纪30年代，据估计，中国国民财富总额在400亿元—2000亿元之间，其中农业占70%—80%[①]，而当时的人口数量

① 参见许涤新、吴承明《中国资本主义发展史（第3卷）：新民主主义革命时期的中国资本主义》，人民出版社2003年版，第735—737页。

有4.4亿人左右。1936年是新中国成立以前经济发展水平最高的一个年份，当年的产业资本总额为99.9亿元，尽管比1920年增加了2.87倍，但总量仍然极小，人均仅为20多元，而且其中外国资本和官僚资本分别占了57.2%、22.3%，民族资本仅占20.5%，产业命脉主要掌握在外国资本手中。此后由于长期陷于战争，经济发展受到很大破坏。

在新中国成立之前，中国的经济已经是满目疮痍，生产力极度落后。1949年的中国，人口为5.4亿人，死亡率高达20‰，人口的平均预期寿命仅为35岁。工农业总产值为466亿元（约合179.6亿美元），原煤产量为0.32亿吨，原油产量为12万吨，钢为15.8万吨，粮食为11320万吨，棉花为44.5万吨，油料为256.4万吨，水产品为45万吨。1949年的工业产品中，缝纫机2000台，收音机4000台，自行车14000辆。如果这些数据还不够直观，具体到人均每年的拥有量就能看出什么叫落后。1949年人均的工农业总产值、国民收入、社会商品零售额分别仅为86元、69元、25.94元，人均占有的原煤、发电量、原油、钢、布匹只有59公斤、7.9度、0.2公斤、0.29公斤、3.49米；人均占有的粮食、棉花、油料、水产品只有209公斤、0.82公斤、4.7公斤、0.83公斤。生活在1949年的中国人，每人每天只能得到0.57公斤粮食、0.013公斤油料、0.017公斤肉、0.0023公斤水产品。而人均300克的钢产量连全国每户一把锄头也满足不了；化肥产量只有区区0.6万吨，平均到全国每亩耕地只有4克。这就是当时中国经济的实际状况，整个国家的工农业基础极为薄弱，经济发展水平极为低下。

与之同时，频发重发的自然灾害更是给多灾多难的中国雪上加霜。1928—1930年，以陕甘为中心的北方八省因旱、蝗、风、雪、水等灾害并发，造成难民5000万左右，死亡人数1000万以上。1931年，长江流域和黄淮海流域发生特大水灾，受灾人口1亿人，死亡370万人。1942—1943年，中原大旱，仅河南一省饿死病死者达300万，逃离家园者无数，全省减少一半人口。1949 年，全国各地旱、冻、虫、风、雹、水灾也是相继发生，尤以水灾最为严重，被淹耕地约 1 亿亩，灾民约 4000 万人。

“白”，指的人民群众的科学文化基本素质低。作为文明古国之一，中国是一个很早就注重教育的国家。早在 3000 多年前，“图书文字”和“象形文字”就已经产生了，当时传授文字和知识的机构被称之为“成均”。在夏代，“校”就已经产生了。到了商代，学校就分为针对贵族的“左学”与针对平民的“右学”，还有专门学习音乐的“瞽宗”。在西周时期，教育分为国学与乡学，学校组织已经比较完善，根据辐射区域大小分为塾、庠、序、校等不同级别，并可第次升学。春秋战国时期，出现了“学在官府”“学在四夷”并存的格局。公元前 551 年，中国还产生了孔子这样的伟大思想家、教育家。在汉代，官学受到特别重视，太学生多的时候达到 3 万人。隋朝设立了专门的教育机构——国子监，这是为封建王朝培养人才的主要场所。隋炀帝创设的科举制度一直延续到了清代末期。到了唐代，地方官学繁盛。宋代为保障教育经费，还专门划拨学田。在明代，教育最盛时期的学校有 1700 余所。鸦片战争之后，中国的近代教育开始得到发展，外国教会、洋务派、改良派先后都对此起到了重要推动作用。1903 年，借鉴日本经验，清朝政府还专门颁布了《奏定学堂章程》。1915 年以后，新文化运动兴起，平民教育得到一定发展。

但总体来看，由于生产力不发达，中国“学在官府”的教育本质并没有多大变化，普通平民所受教育极为有限。“1949 年，中国的文盲率大约是 80%，而且被视为识字的 20% 的人当中，已经包括了那些只认识几百个中国汉字的人和在今天只能列为半文盲的人。”[①] 全国 5.4 亿

① 参见（美）费正清《剑桥中华人民共和国史》（上卷），中国社会科学出版社 1990 年版，第 194 页。

人中，大学生不过14万人（其中文科生约占80%），各种技术人员不足5万人（含见习生），工业（含土木工程）科研机构不过32个（归并后共21个），这就是当时中国国民在科技文化素质方面的现实基础。而中国就是要在这个基础上去实现农业国向工业国的转变乃至最终实现整个国家的现代化，其难度之大可想而知。

如果要问当时的中国人，69年后的经济社会能变成什么样子，恐怕谁也想象不到，中国的经济总量能发展成为世界第二，人均国内生产总值接近8000美元，中国的教育能够实现高中教育普及、高等教育毛入学率达到40%这样的水平。不可能成功的成功，才可以被称为伟大的成功，这就是69年来中国翻天覆地变化的真实对照。

3. 粮棉囤积居奇与物价飞涨

新中国建立后，面对的不仅仅是极为薄弱的工农业基础，还面临着混乱的市场和飞涨的物价。国民党统治时期严重的恶性通货膨胀给人民生活带来了巨大灾难，人民群众谈"价"色变。1950年，时任政务院副总理兼财经委员会主任的陈云在一次重要会议上讲到，"老百姓不仅在军事上、政治上看我们，他们还透过经济看我们，看物价能不能稳住，还饿死不饿死人。这些问题是老百姓关心的，也是对我们的考验"①。新生的中国共产党政权面临着第一次经济大考。

新中国成立后，旧的经济势力对新生的共产党政权持敌视态度，很多投机资本家趁国家财政经济困难之机，兴风作浪、囤积居奇，成为扰乱金融和物价的重要破坏力量。在粮食供应极度紧张的情况下，哄抢和囤积粮食现象盛行，粮价飞涨。从1949年4月到1950年2月，不到一年的时间内全国发生了4次大的物价风波，国内各大城市物价

---

① 见《财经工作人员要提高自觉性》(《陈云文选》第2卷，人民出版社1995年版，第60—61页)。

上涨了十几倍到20倍。其中1949年10月10日至11月20日这次影响最大，在天津、西安、上海、汉口这四个城市，大米价格分别涨了3倍、3倍、1.7倍、2倍；面粉价格分别涨了2.4倍、3.6倍、1.5倍、2.1倍，其他物资也大幅涨价。上海在解放初期的物价涨势最猛、持续时间最长、影响最大，形成了一次以上海为中心的全国性物价疯涨。

如何在市场秩序混乱、货币大量增发、商人囤积居奇和投机行为严重的情况下迅速控制住局面，对新生政权是个重大挑战。在此情况下，中央政府果断决定平抑暴涨的物价，其中，以"米棉之战"最为著名。

事实上，中央早就开始统筹考虑这一问题。1949年8月，陈云主持的中央财政经济委员会第一次会议，就提出了精简节约、抓紧征粮、调拨物资等基本设想。10月份以上海为中心的涨价事件发生后，中央政府认为，仅靠上海单独作战已不能解决问题，迫切需要在全国范围内做统一部署。为刹住涨价风，中央第一阶段的做法主要有：禁止金银外币流通，取缔和打击银圆投机，对重要商品实行集中控制、统一调度、适时抛售和加强市场管理，并通过发行2400亿元胜利公债、加强税收管理、实行折实存款、暂停银行贷款等措施紧缩通货。

尽管当时国家掌控的粮食有50亿斤，国营中纺公司掌握的棉纱和棉布约占全国产量的一半，但如果抛售的时机不成熟或方式不适当，特别是在物价仍在猛涨时抛售，则可能适得其反，促使大量游资涌入上海抢购。因此，选择行动的时机非常重要。通过对市场上商品和货币流通情况的分析，预计物价综合指数要比7月底上升2—2.2倍时，才能使两者大体平衡。

11月中旬，物价已上涨2倍，但涨势也渐趋平稳。陈云认为时机已到，立即发布包括收缩银根、调运粮棉、抛售物资等十二条指令，要求贸易公司、银行与财经委三方面协同作战，统一行动。各地遵照陈云指示，将粮食、纱布、煤炭等主要物资调运集中于指定地点，在11月25日这一天，全国各主要城市一齐大量抛售，连续抛售10天，同时加强金融管理与市场管理，对主要的投机者加以惩处。11月26日起，上海及全国各地的物价开始疲落，跌幅累计达到30%—40%。持续了50天的物价疯涨，终于被全面遏制。此次物价的平定，为新中国经济建设和金融事业的发展积累了宝贵的经验，也为以后设计经济制度埋下了伏笔。

1950年3月3日，中央人民政府发出《关于统一国家财政经济工作的决定》，要求将全国的公粮（不包括地方附加）、关税、盐税、货物税、工商税、国企利润等由中央政府统一支配和使用，国营机构的业务、物资都归中央贸易部统一管理和指挥，迅速统一了全国的财经工作。

第二节　直击要害的农村土地制度改革

1. 土地的地主所有制——中国贫穷落后的根源

2016年4月25日，习近平总书记在安徽省凤阳县小岗村农村改革座谈会上指出："我国农村改革是从调整农民和土地的关系开启的。新形势下深化农村改革，主线仍然是处理好农民与土地的关系。"这一论述，不仅具有极强的历史纵深感，也有强烈的时代现实感。一个国家的土地制度，往往深刻地调整和引导着国家与人、人与社会、人与人之间的经济和分配关系，甚至牵引着这个国家究竟前往何处的历史走向。

在半殖民地半封建社会的中国农村，地主土地所有制占主导地位。土地等生产资料占有极不平均，是农村社会的最突出矛盾，也是造成当时中国农村社会长期贫困与落后的根本原因。在全国土地改革前，占农户总数 3.79% 的地主占有总耕地的 38.26%；占农户总数的 3.08% 的富农占有总耕地的 13.66%；而占全国农户 57% 以上的贫雇农仅占有耕地总数的 14%[①]，地主人均占有耕地为贫雇农的二三十倍。而小土地所有者的地权不仅相对分散、贫瘠，而且往往是地主、富农、官吏、高利贷者、商人等兼并的对象。他们的资金和生产资料极端缺乏，还要承担国家大量的税赋和劳役。在农村政权中，地主与税务、警务、司法、教育等势力相互勾结，鱼肉乡民，私设刑罚，各种派捐派款被他们中饱私囊。贫农如果交不出租税，就会受到监禁和严刑拷打。在这种政治、经济、人身的残酷压榨和压迫下，中国农民的收入极其微薄甚至入不敷出，农业生产资金极端缺乏。旧中国的农村基本没有电力、柴油机等能源和动力，耕作和运输主要靠人拉马驮。在那个时代，中国农民挣扎在贫困和愚昧之中，温饱都难以解决，不能对农作物进行品种改良和对农业实行科学经营，农业发展水平极低。到 1949 年新中国成立时，全国粮食产量较抗战前最好水平的 1936 年减少了 1/4 左右，全国粮食平均亩产只有 137 斤，棉花总产仅为 9.9 亿斤，比抗战前减少 47.6%[②]。

正如卢梭所说，“我们不能撇开人的劳动而思考私有财产的产生，正是农夫的劳动赋予他权利、获得他耕种的土地上的产出，也是劳动使他至少到收获时占有土地本身”。因此，近代中国的革命，反对封建的地主土地所有制是最为主要的任务，如何设法满足无地、少地农民的土地要求是社会变革的关键。如何实现生活在底层的中国农民们的夙愿，几乎是伴随着中国共产党的建立就开始了浴血拼搏。

---

① 参见杜润生等《中国的土地改革》，当代中国出版社 1996 年版，第 4 页。

② 参见国家统计局《中国统计年鉴 1984》，中国统计出版社。

2. 解放区土地改革的探索——中国共产党土地政策变迁

早在1917—1920年间，中国民主革命的先驱孙中山先生就在其《建国方略》中设想："土地应由国家买收，以防专占投机之家置土地于无用，而遗毒害于社会。国家所得土地，应均为农庄，长期贷诸移民。"可以说，这是对中国近代土地制度最初的伟大设想。

中国共产党成立之初对土地所有制的设想与孙中山很接近，1921年7月第一次全国党代会通过的"纲领"中所提目标就是没收土地归社会所有。1928年12月，毛泽东主持制定了《井冈山土地法》，这是中国共产党历史上的第一部土地法。这部法律最重大的意义是改变了几千年来土地与农户的关系，否定了封建土地所有制，从法律上保证了农民耕种土地的合法权利。但它所规定的没收一切土地，意味着不仅要没收地主的土地，也要没收农民的土地，所有权归政府所有。这在实践中很难操作，也缺乏社会基础。

随着对革命规律认识的深入、经济社会主要矛盾的转变、革命力量的发展变化，中国共产党在对于土地所有制、对不同土地所有者的态度以及对土地租赁关系的认识与处理等方面，相应调整了政策。1929年4月，毛泽东在兴国县主持制定了中共历史上的第二部土地法——《兴国土地法》，将第一部法律规定的"没收一切土地"改为"没收一切公共土地及地主阶级的土地"。广大群众非常拥护，在很短时间内，在纵横三百多里的地区内，约有60多万人得到了土地。广大农民欢天喜地，积极从事生产，粮食产量增加，生活也得到改善。为什么仅隔4个月，共产党对土地的态度就发生了这么大变化？这是因为在革命根据地的共产党领导机关，天天跟农民在一起，能深入调查研究实际情况和直接倾听农民群众的呼声。

抗日战争爆发后，为了联合一切可以联合的力量抗击日本帝国主义侵略，中共中央又将没收地主土地的政策调整为“地主减租减息、农民交租交息”。抗战胜利后，1946年5月，面对国民党挑起全面内战的严峻局面，中共中央发布了《关于清算、减租及土地问题的指示》，其主要内容就是由减租减息再次转为没收地主土地。1947年9月，中国共产党在河北省西柏坡村举行全国土地会议，通过了《中国土地法大纲》。《中国土地法大纲》虽极为简短，不到2000个字，但成了当时乃至新中国成立初期全面实行土地改革的依据。《中国土地法大纲》第一条明确了中国土地制度的基本性质，规定“废除封建性及半封建性剥削的土地制度，实行耕者有其田的土地制度”。第二条则直指中国社会的基本矛盾，用词极为简短，就一句话就是“废除一切地主的土地所有权”。这个法律在当年10月份公布后，解放区的土改运动就迅速开展起来。1948年4月，毛泽东在晋绥干部会议上指出，“依靠贫农，团结中农，有步骤地、有分别地消灭封建剥削制度，发展农业生产，这就是中国共产党在新民主主义的革命时期，在土地改革工作中的总路线和总政策”。[①] 在中华人民共和国成立以前，在老解放区已经有1.34亿人口完成了土地改革。

美国以报道远东事务为主的《密勒氏评论报》当时这样评论道，“(中国)内战战场的真正分界，是在这样两种不同的地区：一种是农民给自己种地，另一种是农民给地主种地”，这“不但决定国共两党的前途，而且将决定这个国家的命运”。美国友人韩丁甚至把《中国土地法大纲》与美国的《解放黑奴宣言》相比，并认为中国土地改革的范围更广，解放的人民更多，影响力也更大。[②]

① 见毛泽东《在晋绥干部会议上的讲话》(《毛泽东选集》第4卷，人民出版社1991年版，第1317页)。

② 参见韩丁《翻身——中国一个村庄的革命纪实》，北京出版社1980年版，第7页。

正因为如此，农民成了中国新民主主义革命的主力军。在最终推翻国民党腐朽统治的过程中，保卫农民新分得的土地这一胜利果实，成为推进土地改革和扩大解放军队伍的最有效动员。战争打的不仅是装备，打的更是人心。在解放战争[①]时期，由于农民踊跃参军、积极缴纳公粮、主动保障后勤，使得解放军取得了天时、地理、人和的多重优势。以淮海战役为例，虽然国民党正规军为 80 万人，比解放军多 20 万人，但由于有 40 万民兵和 500 多万民工参加并支持解放军，使得双方整体实力发生了颠覆性的变化。事实证明，中国共产党的土地政策是符合当时 4.8 亿中国农民意愿的，它对中国共产党取得解放全中国的胜利，并迅速医治好战争的创伤、恢复经济社会的发展，起到了无可估量的作用。

1950 年 6 月 9 日，毛泽东在中共七届三中全会上说："我们的胜利是从哪里来的呢？就是靠这一万万六千万人（指当时已经实现了土地改革地区的人口）打胜的。这一万万六千万人给了他们什么东西呢？他们为什么能够发动起来呢？为什么能够组织这么大（三百万）的军队呢？就是因为在这一万万六千万人中间进行了土改。"他还说，"要肯定这个伟大的胜利，有了这个胜利，才有了打倒蒋介石的这个胜利"。在后来出版的中国台湾地区的《台湾之土地改革》中，对当时发生在大陆的这段历史是这样评价的：国民政府在大陆的军事失利，最主要原因莫过于失去生活极为清苦、占大陆人口中八成以上农民的民心。而共产党的土地政策合乎农民需求，尤可吸引民心，导致共军未到，民心先反，甚至期盼共军早日赶来解放，情势如此，大陆哪有不丢之理。

① 1946—1950 年，中国人民在中国共产党领导下，为推翻国民党的反动统治、解放全中国而进行的伟大革命战争。

3. 解放后土地改革在全国的展开——小农所有制的建立

新中国成立后，还有3.1亿农村人口需要进行土地改革。由于这些地区解放的时间有早有晚，社会经济环境、群众对此的认知水平、干部队伍的准备等方面参差不齐，因此当时在新解放区的土地改革是分步骤、分期、分批推进的。1950年1月，中共中央下达《关于在各级人民政府内设土改委员会和组织各级农协直接领导土改运动的指示》，开始在新解放区分批实行土改的准备工作。1950年6月28日，中共中央讨论通过了《中华人民共和国土地改革法》（以下简称《土地改革法》），将土改的目的明确为："废除地主阶级封建剥削的土地所有制，实行农民的土地所有制，借以解放农村生产力，发展农业生产，为新中国的工业化开辟道路。"这部法律对土地改革的政策做出了很大调整，在废除封建土地制度的前提下，相当程度上照顾了富农阶层和少数民族地区上层人士的诉求，这对于保证土地改革的顺利进行和国民经济的恢复发展都起到了重要作用。

从1950年冬季开始，土地改革运动在华东、中南、西南、西北等广大新解放区分期分批广泛展开，基本步骤为发动群众、划分阶级、没收和分配地主土地财产、复查总结和动员生产等。为确保土改顺利进行，各地各级政府都组织了土改工作队，并建立起以贫雇农为核心的农民协会这一基层执行机构。至1952年底，除新疆、西藏等部分少数民族地区，中国大陆绝大部分地区的土地改革已基本完成，3亿多无地或少地的农民无偿分得约7亿亩土地及其他农业生产资料，并每年免除地租3000多万吨粮食。至此，在中国存在了2000多年的封建地主土地所有制被彻底铲除。

到了1954年，第一部《中华人民共和国宪法》（以下简称《宪法》）中明确提出，"中华人民共和国的生产资料所有制现在主要有下列各种：

国家所有制，即全民所有制；合作社所有制，即劳动群众集体所有制；个体劳动者所有制；资本家所有制。……国家依照法律保护农民的土地所有权和其他生产资料所有权”。土地改革运动在中国大陆彻底结束了封建土地制度，并使新成立的中华人民共和国政权获得了农民的高度信任，土地的农户所有制建立了起来。农民真正成为了土地的主人后，他们的生产热情空前焕发。

尽管后来农户所有制改为了农村社区集体所有制，但土地属于农民所有这一核心含义并没有变化，土地的承包经营权也在向农户长久拥有的方向发展。农村土地制度翻天覆地的彻底变革，对农村的社会治理结构、生产组织方式、人与人之间的经济关系都产生了颠覆性的改变。如何在新的土地制度框架下加快建立新型的农村社会治理模式，加快建立与之相适应的生产组织方式、利益调节关系等，开始摆上了中国执政者的议事日程。

第三节　统购统销体制的形成

1. 统购统销——新中国成立之初的艰难选择

中国大陆地区的土地改革基本完成后，农民“耕者有其田”的梦想得以实现，农民的生产积极性得到空前提高，粮食产量开始加快恢复。但在当时的历史背景下，新生的人民政府却又面临着一系列新的矛盾和挑战。

一是当时的国内粮食供求关系总体上相当紧张，尤其是迫切需要解决好城镇人口的口粮和工业等其他用粮的供给问题。通过土地改革农户拥有了自己的土地，由此免除了过去需向地主缴纳的3000

多万吨粮食的地租。而长期温饱不足的农民，此时也有了自己多吃一点粮食的条件，因此，尽管粮食产量有所增加，但农民能向市场销售的余粮反而有所减少。1952 年，全国国有粮食机构和供销合作社系统在整个农村收购到的粮食只有 620 亿斤，只占当年粮食总产量的 18.9%。据当时估算，在 1953—1954 年度，为了保障城镇居民的口粮以及工业等其他用粮的需要，国家至少需要掌握 700 亿斤以上的粮食。粮食的供求缺口到底如何解决？理想的办法是按市场价格向农民收购。但这样做，市场的粮价必然会逐步提高，这就会带动物价上涨、带动城镇职工工资水平提高，这就意味着工商企业的利润和国家的税收可能会减少，从而影响到国家工业化资金的积累。而采取行政手段以较低的价格向农民强制性收购，又必然会损害农民的利益、挫伤农民的生产积极性，从而可能影响农业特别是粮食生产的持续稳定发展。

二是原来农村作为余粮归集者的地主阶层被消除了，而能从数千万小规模经营的农户手中归集粮食的新机制尚未建立起来。过去普通农户手中的余粮主要以缴纳地租的形式集中到地主手里，各类粮商再通过向地主以及自身有较多余粮的富农等收购粮食使其进入市场。土地改革以后，农村中原有的粮食归集环节不存在了，所有的农户都是分散经营的小规模生产者，谁去归集农户手中的余粮成了问题。更何况农民刚刚摆脱战乱，即便比过去略微多了些许余粮，但如果每人多吃一口、每户多留一点，实际也就所剩无几了。因此，农村中如果缺乏有效的向小规模生产的农户归集余粮的机制，能够进入市场流通的粮食在一定程度上就会比以前更少。面对高度分散又与市场缺乏联系的农户，如何才能把农户手中的余粮都收购起来，显然必须有一套全新的办法。

三是中国要加快实施国家的工业化，需要建立相应的积累机制。

大国工业化的核心是重工业，而重工业是资本和技术密集型产业，如等待民间资本自发积累到足以能够投资发展重工业，这必将是一个极其缓慢和漫长的过程。如英国，1733 年工业革命以纺织工业开始，到因纺织工业的扩张、纺织机械的改进和对运输的需求开始驱动重工业大发展，即便是在有着大片海外殖民地的背景下，也足足等了半个多世纪，直到进入 19 世纪后英国的钢铁产量才出现迅猛增长。如果后发工业国家等待重工业“自然而然”地发展起来，只怕需要更长时间的等待。所以，在中国、日本、韩国、德国这样的后发工业化国家，初期都无一例外地以国家为主导实施“超前发展”重工业的战略，以加快国家工业化进程。

重工业优先的工业化发展战略，是要以大量的资金和技术支持为前提的。在中国当时所处的历史背景和条件下，既不可能像发达资本主义国家当年那样通过对外掠夺来实现资本的原始积累，也不可能通过引进外资来补充国内资本的不足，这样就必须有一种新的制度设计和安排，以从中国自身寻找工业化所需资本积累的源泉。从当时的可行性来看，国家工业化所需要的大量资金，相当大部分只能从农业中提取。只有通过低价收购农产品，才能实现低物价、低工资、低福利，才能将工商业产生的利润更多地转化为国家的工业化资金。因此，压低粮、棉、油等主要农产品的价格，牺牲部分农业的利益，就必然成为当时为工业化提供积累资金的起点。

面对粮食短缺的尖锐矛盾，当时的国家财经委提出了 8 种解决方案。“两害相权取其轻”，中共中央最后选定了统购统销的方案。所谓统购统销就是借助政权的强制力量，对农民的余粮全部实行按国家制定的价格统一收购，全社会所需要的粮食也全部实行按国家规定的价格统一供应，而农民自己食用的粮食数量和品种也须由国家批准。农民的余粮只能卖给国有粮食机构，城镇居民只能向国有粮食机构购买口粮。由此，国家实际上关闭了粮食市场。

1953年10月，在全国粮食会议上，陈云说："我现在是挑着一担'炸药'，前面是'黑色炸药'，后面是'黄色炸药'。如果搞不到粮食，整个市场就要波动；如果采取征购的办法，农民又可能反对。两个中间要选一个，都是危险家伙。"[①] 实际上，统购统销体制不仅是当时解决粮食供求问题的重要手段，而且奠定了实行计划经济体制的基础。

2. 中国式的粮食配给制——统购与统销体制的运行

配给制往往与供给短缺有关，这种情况也并非中国所特有。在特殊时期，苏联、美国、英国、德国等国也都曾实行过这一制度。新中国成立以前，国民党政府也曾经发放"粮食配给票"，解放区也发行过"临时借谷证""边区粮票"等，这些在本质上都是对粮食的限量供应。所谓的统购统销，其主要内容是：对农村余粮户实行粮食的计划收购，即统购；对城市人口和农村缺粮户，实行粮食定量配售，即统销；国家严格管制粮食市场。之后，国家又陆续把棉花、油料、黄麻、生猪、烤烟等农产品列入统购统销范围。最多时，列入国家统购派购的农产品品种达到180多种[②]。

对农民粮食的统购。国家对于农民主要通过农业税征收和粮食计划征购这两个体系来进行统一购粮，这里面又包括三块制度设计。一是通过农业税的实物征收制度，国家可以稳定地征收到一部分粮食。1958年6月3日颁布的《农业税条例》，规定的平均税率是常年产量的15.5%，如果不是粮食作物，那么比照粮食作物折合后征收。当时这一部分可以征收约600亿斤粮食。但之后实际上并未按产量的增长

① 见《实行粮食统购统销》(《陈云文选》第2卷，人民出版社1995年版，第208页)。

② 参见陈锡文、赵阳、陈剑波、罗丹《中国农村制度变迁60年》，人民出版社2009年版，第152页。

来增加征收农业税的数额，因此直到改革开放前，以农业税名义征收的粮食数量一直比较稳定。二是实行粮食计划统一收购。从 1953 年 11 月开始，农户、农民合作社等粮食生产者在留足自己的口粮、种子粮、饲料粮以及扣除要缴纳农业税的粮食征购之后，如果还有剩余，80%—90% 的余粮要按照国家规定的价格由国家收购。如果前两块征收还不够，还有第三块，即粮食超购。对农民 80%—90% 的余粮征收后，如果再向农民征购，农民就会有意见，所以政府就需要采取妥协的办法，对超购的粮食实行加价，其价格比按计划统一收购的价格高 30%，这样农民的意见就会小一些，心理上能够接受的程度就强一点。在对粮食实行统购统销后，对其他主要农产品，如生猪、鸡蛋、糖料、桑丝、蚕茧、黄红麻、烤烟、水产品等实行派购，即通过分配收购指标或在产量中确定一定比例，按照国家规定的价格和数量（比例）收购。

对城镇居民和农民的统销。城镇居民在那个年代要买上粮食吃上饭，必须要有两样东西：一是按家庭发给的购粮本，到国有粮食机构购买口粮必须持有这个购粮本；二是根据每个人的定量所发给的粮票，城镇居民必须实行粮食定量供应。

有些地方农民自产的粮食不够吃，有些地方的农民主要生产经济作物或蔬菜等，国家还要将一部分粮食“返销”给农村。每年返销给农村的粮食占国家征购粮食的比重达 38.9%—49.3%。所以，部分缺粮地区农民吃的就是返销粮。当然，吃返销粮的农民也实行计划定量供应。

粮票——中国工业化过程中的苦涩记忆

在今天中国的有些博物馆中，往往有一个票证陈列区。

“爸爸，这些纸片是什么？”博物馆里，一个孩子望着橱窗里的粮票问道。爸爸发现这个看似简单的问题很难用几句话来回答。

在今天的中国，如果要说什么证件最重要，答案毫无疑问是身份证。而要说计划经济时期什么证件最具象征性，那就是被称之为“神州第一票”的粮票。这一票证由国家和地方粮食管理部门发行，分配给城乡居民作为购买粮食、粮食制成品或外出就餐的凭证。

中国实行的票证制度，是快速推动工业化建设的重要支撑。北京于1953年11月开始印发“面粉购买证”，成为全国首个使用粮食票证的城市。针对供应仍然明显偏紧、粮食倒流回农村、重复购粮、套购计划粮等问题，1955年8月，在所有实行粮食统购统销的市镇（包括县城、工矿区），对非农人口一律按劳动强度、年龄差别进行口粮分等定量供应，对工商用粮也按户定量供应，对农村的牲畜饲料也分等定量供应。当年9月，以“粮食部”名义制定的1955年版的全国通用粮票发行使用。随后，限制人口流动的户籍管理制度也建立了起来，地方粮票体系也相应建立。据不完全统计，中国从中央到基层发行过粮票的地方约有2441个①。粮票的种类繁多，从1953年到1993年的40年间，上自国家粮食部，下至乡镇粮站、粮管所等，共发行的粮票品种有近2万个②。粮票的票面额近50种，最大的上万斤，最小的仅为一钱。

多数农村人口的粮食依靠自产，市镇居民的粮食供应最主要靠购粮本和粮票。在城镇居民的各种社会关系中，“粮食关系”是非常特殊的关系，只有办理了户口本、粮本，才能将粮食关系落实到具体粮店，才能按月领取粮票。不论是国家领导人，还是刚出生的婴儿，都必须实行粮食定量供应。按照不同年龄、职业，口粮数被分为100多个等级，最高的每月可达60斤，刚出生的婴儿每个月5—6斤，一般成年人为30斤左右③。票证制度不仅针对口粮，城乡居民所需的几乎所有日常生活用品都要凭票证购买。食品类除了各种粮油票外，还有猪牛羊肉票、鸡鸭鱼肉票、各类禽蛋票、糖票、

① 参见文刃《方寸粮票：计划经济的历史见证》（《党史文苑》，2012年第3期，第50页）。
② 参见李希跃《粮票作废20年谈》（《粮食问题研究》，2012年第5期，第48页）。
③ 参见张鹏《几代人心中的粮票记忆》（《协商论坛》，2014年第1期，第56页）。

豆制品票及蔬菜票等。服装方面的票证也是数不胜数，布匹、汗衫、背心、布鞋甚至于手帕，均需要凭票购买。肥皂、手纸、洗衣粉、火柴等日用品，也都凭票供应。当时被视为贵重物品的各类电器、自行车、手表等，更是一票难求。

实行票证供应管理制度能够在供给紧张的情况下，使得城乡居民以低于市场实际价格的“平价”比较公平地保证基本生计，但由于市场被关闭、资源由政府支配、生产者缺乏积极性等问题，实际上很难走出短缺经济的循环。而一旦供给充裕了，这一制度就会失去存在的基础。

改革开放后，农民的生产积极性空前高涨，除了完成国家统购任务和满足自己消费，部分农民还有节余的粮食。为鼓励农民积极生产，国家对农民完成统购任务以外的粮食，也以接近市场价格的“议价”方式进行收购。城乡居民到国营粮店购买平价粮仍然需要粮票，而购买议价粮则不需要，粮票的重要性明显下降。随着收入水平的提高，粮票节余的现象就多了起来。由于平价粮与议价粮之间存有价差，这就使粮票具有了市场价值，并被半公开地当作“第二货币”大量流通。尽管政府明令禁止，但粮票的私下交易事实上从未中断。

为了保持粮食的平价供应，国家一直背负着沉重的财政负担，而随着议价粮的增加和居民收入的提高，统购统销体制的弊端也越来越明显。

作为经济特区的深圳市，是中国第一个改革粮食票证制度的城市。由于没有深圳地方粮票且有相对较高收入的外来人员大量增加，深圳的粮食自由交易市场很快变得非常活跃，交易量也急剧增加。1983年，深圳销售粮食总量为1.1832亿斤，其中从外省调入的需用粮票购买的平价粮占60%，剩下的40%为议价粮，议价粮总体价格比平价粮高出40%以上。1984年11月，深圳市决定在增加粮食储备、做好粮食抢购应对预案的前提下，采取取消粮票、提高价格、敞开销售的粮食供应方式，一举成功打破了粮票制度。随着改革开放的深入，各类副食品、日常生活用品的票证先于口粮票证相继失去作用，粮票的作用也快速下降。1993 年 4 月 1 日起，中国实行粮油商品全部敞开供应，取消了粮票和食用油票，票证时代至此终结。

虽然“票证时代”已经一去不复返，但这段沉甸甸的记忆，不仅告诫中华儿女始终不要忘记粮食安全问题，更重要的是要通过坚持不懈的努力和奋斗让票证时代不要卷土重来。

3. 统购统销制度的功过得失——对经济社会各方的深刻影响

政策是被现实逼出来的，制度也不可能有完美的。讨论国家粮食政策不能离开当时的时代背景，不能离开粮食的特殊属性，更不能离开当时国家整体的迫切发展要求。因此，当年的统购统销政策自然也有它的功过得失。

从当时的政策执行效果看，统购统销是 1953 年 12 月实行的。1953—1954 粮食年度，粮食收购量比上年增加了 77.78%，1954 年 6 月底以前的库存比上年同期增加了 51%。这仅是统购统销实行半年的结果。在当时全国粮食的总供求极度紧张的背景下，统购统销保证了城乡居民基本的食物消费需要。在“一五”时期（1953—1957 年），尽管国民经济以每年平均 11.3% 的速度高速增长，但物价指数的平均上涨幅度只有 1.1%。在战后百废待兴的最为困难阶段，全国经济社会能够保持相对平稳地发展，这对于巩固新生的人民共和国政权尤为可贵。

当然，其最大的功绩或许还不在此，这只有透过更长的历史跨度才能看得更清楚。中国农民为此做出了巨大牺牲，他们为工业化提供了巨大的经济积累。据专家估计，从统购统销开始到改革开放前期，工农产品交换的价格“剪刀差”总计约达 4500 亿—7000 亿元。1958 年 6 月，国家还专门颁布了农业税条例。1949—2005 年中国征收的农业税累计达到 4200 亿元，虽然后来农业税占财政收入的比重下降至 2%—

3%，但在上世纪五六十年代中则长期占到10%以上。如果把牧业税、农业特产税、屠宰税等税种及各种收费计算在内，数字还要大得多。

当时采取的这种向工业倾斜的政策，从全局和整体看是必要的，也是见效的。1949—1978年，中国的工业总产值增长了38.2倍，其中重工业增长90.6倍，工业总产值占工农业总产值的比重从26.4%提高到57.3%。这才使得中国在一穷二白的基础上，主要依靠农业提供的积累，建立起了比较完整的工业体系和国民经济体系，让中国有了“两弹一星”，在世界上确立了自己的地位，为国家工业化和中国的长远发展奠定了坚实基础。正是因为有了中国农民所做出的牺牲和贡献，中国才能够在当年那些微不足道的工业基础上，成功建立起了今天这样举世瞩目的工业制造能力。

今天的中国，不但有着几乎囊括所有产业环节的全能型工业产业链，有着雄踞世界第一的钢铁产量，而且诞生了很多具有世界冲击力的超级工程，像载人航天工程、北斗卫星系统、2万公里的高速铁路系统、港珠澳大桥、上海中心大厦、世界最高的北盘江大桥、北京的地铁网络、超级LNG船、世界最快的超级计算机等等。这些都是中国工业化取得的最新成绩，但中国工业化发展道路起步的艰辛，只有当时那代人才能深切体会。抚今追昔，无论如何都不能忘记中国的农民，他们对这个国家取得的历史性变化做出了永垂史册的伟大贡献。

不可否认的是，统购统销的粮食体制在运行过程中也产生了影响深远的负面作用。一是对农民生活的巨大影响。由于粮食的统购制度造成了农村留粮水平过低，致使到1978年尚有约30%的农民（2.5亿人）未能解决温饱。二是农产品市场被关闭。国家对粮食的管制以及大部分农产品品种的统购派购，价格也由国家统一规定，使得农民根本不可能向市场自由销售这些产品。而这实际上就是关闭了农产品的市场，致使市场在资源配置中的作用得不到发挥。由于国家制定的低价格挫伤了农民的生产积极性，使粮食等重要农产品的生产潜力没有充分发挥出来。同时，由于统购使农民难以剩余任何重要的农产品，农村手工业和农产品加工业原料缺乏，大量剩余劳动力和剩余劳动时间得不到充分利用，抑制了农村经济的活力，限制了农民收入的增长。三是限制了人口流动。城乡户籍和粮票的制度设计，不仅造成了农业生产的长期缓慢增长，而且使农村人口被严格地禁锢在土地上，农业内部的剩余劳动力不断积累，农村劳动力就业极不充分，中国的城乡二元经济结构更加突出，工农业之间的利益矛盾不断加剧。

第四节　合作化运动与人民公社体制

1. 合作化运动的缘起——既有理想主义成分也有解决现实问题的多重考虑

土地改革实现了“耕者有其田”，使农民都有了属于自己的土地。农村土地成为农民的私有财产，而且还受到 1954 年《宪法》的保护。但如今，中国农村实行的却是土地集体所有制，这其间到底发生了什么呢？这就不得不从当年汹涌澎湃、席卷中国大地的农业合作化运动说起。这场令人眼花缭乱的快速变革，实际上融合了中国在那段特殊时期中人们的理想追求与解决现实困难的制度选择，其形成原因是复杂的。

以今天的视角来看待那段历史，我们或许能看得更为清晰一点。对于合作化运动的缘起和伴随其间的中国土地制度的再次重大变革，至少可以从以下几个方面去分析。

一是关于对“过渡时期”的不同理解和争论。这实际上是关于新中国的性质在理论和指导思想上的争论。新中国建立之前，中国共产党领导的革命，其性质是新民主主义革命；新中国建立之后，要通过一个“过渡时期”才能进入建设社会主义性质的国家。在这一点上，党内的思想认识是一致的。但问题在于这个“过渡时期”到底有多长，这在思想认识上是有分歧的：一种观点是，要“巩固新民主主义新秩序”就要维护农业、手工业和资本主义工商业中的生产资料私有制，以促进经济的发展，而向社会主义的过渡则将是相当长时期（如10—15年）以后的事；另一种观点是，“新民主主义在桥上”，即新民主主义不是一个独立的发展阶段，在完成了推翻帝国主义、封建主义、官僚资本主义这“三座大山”后，新民主主义的历史任务就已经完成，就应当跨过这座桥梁向社会主义的彼岸过渡。具体来说，这两种认识的不同之处，就在于对农业、手工业和资本主义工商业的社会主义改造，是等10—15年后再开始，还是从现在就开始、经过10—15年的改造后全面完成。

1952年6月15日，毛泽东在中共中央政治局的会议上指出：“党在过渡时期的总路线和总任务，是要在10年到15年或者更多一些时间内，基本上完成国家工业化和对农业、手工业、资本主义工商业的社会主义改造。”中央政治局同意毛泽东的这一表述。这就是农村发生土地所有制和农业经营体制这两个巨变的大背景。

二是关于巩固农村土地制度改革的成果。农村土地制度改革，实际上是一次规模宏大的均田运动。但在中国漫长的历史过程中，均田和土地兼并始终互为因果，周而复始。能否打破这种轮回，巩固土地制度改革后形成的“农民的土地所有制”这一成果，这显然是新生的共和国无法回避的一个重大理论和现实问题。其实，这也是一个在亚洲特别是在东亚国家和地区的农村社会中带有普遍性的问题。二战后，东亚地区实行了农村土地改革的日本、韩国、中国台湾省等，都曾做出过在土地改革后若干年内（如10年）不得买卖农地的法律规定；在允许农地买卖后，则规定农地只能在农户之间买卖，并对每一农户所拥有的最大土地面积做出了限制性的规定。中国的《土地改革法》不仅没有做出这样的限制性规定，其第三十条还明确规定："土地改革完成后，由人民政府发给土地所有证，并承认一切土地所有者自由经营、买卖及出租其土地的权利。"但农村土地改革完成后，农村人口中贫农的比例仍占到一半以上，因缺乏劳力、农具、役畜、资金等而自身难以耕作的家庭不在少数，再加上天灾人祸等各种特殊原因，导致了土地改革刚完成，就在少数贫困农户中出现了不得不出卖刚分到的土地的现象。可以说，要求农户组织起来发展互助组、合作社，与当时希望遏制因贫困农户被迫卖地、破产而可能再次出现土地被兼并集中的现象有很大关系。

三是对贫困农户希望保全自家土地、避免破产愿望的误解。因农具、役畜的缺乏，加之农时不等人，因此乡亲邻里之间那种守望相助、通过变工插犋等互助形式来共同完成农作的行为其实早已有之。土地改革后，农民家家户户都有了属于自己的土地，但役畜、农具对于大多数贫困农户来说仍是稀缺品。因此，通过"组织起来"的互助合作，在当时条件下似乎就是避免农户再次失去自家土地的唯一有效办法。于是，贫困农户响应号召，轰轰烈烈地开展起互助合作。

四是保障粮棉油等重要农产品供给和积累工业化资金的需要。1952年，国家在国内购得粮食仅为620亿斤，即供需缺口就至少有12.3%。但在当时财力紧张的情况下，不能采取提高价格的方式向农民收购粮食。陈云在关于《一九五二年财经工作的方针和任务》讲到过这个问题："粮价涨了，物价就要全面涨。物价一涨，工资要跟着涨。工资一涨，预算就要超过。"[①] 保持全社会的低物价、低工资（收入）、低福利

① 见陈云《实行粮食统购统销》(《陈云文选》第2卷，人民出版社1995年版，第207页)。.

水平，被认为是在当时条件下提高国家工业化资金积累水平的基本途径。正是在这样的背景下，对农民的部分余粮实行征购的办法才被提了出来。只有把每一个农户都纳入严密的农村经济组织体系，才能确保农民种什么、种多少，留不留、留多少，才能保证国家把农产品都按规定的价格如数收上来。发动农民加入合作社，是当时以较低价格向农民征购粮食和其他重要农产品的重要组织保障。

1953 年 10 月 10 日，陈云同志在全国粮食会议上作了“实行粮食统购统销”的讲话。10 月 16 日，中共中央做出了《关于实行粮食的计划收购与计划供应的决议》。11 月 23 日，政务院发布了《关于实行粮食的计划收购和计划供应的命令》，由此拉开了国家对重要农产品实行统派购制度的序幕。1957 年 8 月 17 日，国务院进一步发布了《关于国家计划收购（统购）和统一收购的农产品和其他物资不准进入自由市场的规定》。不难看出，粮食统购统销制度的推进，与农村互助合作运动的发展，在时序上几乎是同步的。

五是重构农村社会结构和治理体系的需要。农村实行土地改革后，原有的以宗族关系为纽带、以乡绅人士为代表的农村社会治理结构和机制便自然瓦解。为实现中国共产党对农村经济社会的全面领导，必须建立起与土改后的情形相适应的农村社会组织结构和治理体系。党政一体、政社合一的人民公社体制之所以能在极短的时间内建立，与农村缺乏稳定的社会治理结构有着密切的关系。

2. 从互助组到高级社——合作规模的非理性扩大

基于上述情况，中央政府很快就调整了政策，在农村掀起了农业合作化运动。在新中国成立以前，解放区就有了发展互助组的基础。所谓“互助组”，就是土地仍然是各户农民自家所有，根据需要，依据自愿互利的原则，户与户之间采取互换人工或畜力进行帮扶，甚至进行共同劳动。互助组有农忙临时互助和常年互助之分。

1951年春，政务院在《关于一九五一年农村生产的决定》中明确提出："各地要加强对互助合作运动的领导，要加强互助组的发展与巩固工作，并以此来达到进一步提高生产的目的。"到1951年底，中国农村的互助组达到467.5万个，参加的农户达2100万户，占全国农户总数的19.2%。1952年，全国新增农业互助组335.1万个，参加的农户达4536.4万户，占全国农户总数的39.9%。当时的互助组在很大程度上仍是传统意义的互助合作，本质上就是相互帮忙，并不牵扯到土地所有权变更和劳动成果的分配等问题。

1953年10—11月，全国第三次互助合作会议在北京召开，毛泽东提出要从以发展互助组为中心转向以发展农业合作社为中心。从1953年冬开始，初级社迅速发展，农户一家一户经营开始转向合作社的统一经营。所谓的"初级社"，就是在互助组的基础上，以个体农民自愿组织起来的半社会主义性质的集体经济组织。它的特点是土地入股，耕畜、农具作价入社，由合作社实行统一经营；社员参加集体劳动，劳动产品在扣除农业税、生产费、公积金、公益金和管理费用之后，按照社员的劳动数量和质量及入社的土地等生产资料的多少进行分配。这时候的土地所有权并没有发生改变，分配上则采取按劳计酬与股份分红相结合的形式。12月16日，中共中央通过了《关于发展农业生产合作社的决议》，在总结了农业生产合作社发展过程中显示出的十大优越性后，还规定了农业生产合作社的发展指标，如到1954年秋收以前，全国农业生产合作社应发展到35800个以上。尽管针对不少地方急躁冒进的做法实行了"停、缩、发"的方针，但合作社的发展总体上仍然很快。到1955年6月底，全国有农业生产合作社65万个，参加农户为1700万户，占全国农户总数的14.2%。

1955年7月31日，毛泽东在中共中央召集的省、市、自治区负责人会议上否定了1953年和1955年春对合作社的两次整顿工作，批评了主张发展合作社要稳步前进的同志，说他们像小脚女人，对合作化运动评头品足，不适当的埋怨，无穷的忧虑，数不尽的清规戒律，看不到主流，犯了右倾的错误。毛泽东认为，农村不久将出现一个全国性的社会主义改造高潮。同年12月底，毛泽东为《中国农村的社会主义高潮》一书作序。序言中说：1955年下半年，中国的情况起了一个根本的变化，中国的1.1亿农户中，已有0.7亿农户加入了半社会主义的农业生产合作社。这件事告诉我们，只需要1956年一年，就可以基本上完成农业方面的半社会主义的合作化。

而在丰年之后的当年年底，农业生产合作社就已达190.5万个，入社农户7545.2万户，占农户总数的63.3%。发展势头迅猛，已经透着狂热的气息。与之同时，合作层次在迅速拔高，合作社规模迅速扩大，以初级社为主的合作形式迅速转变成为以高级社为主的合作形式。1956年1月，中共中央政治局提出《一九五六年到一九六七年全国农业发展纲要（草案）》，要求推动高级农业合作社的发展。6月30日，第一届全国人大三次会议通过了《高级农业生产合作社示范章程》，明确了在高级社中，土地、耕畜、大型农具等生产资料归集体所有，土地等生产资料私有制的性质因此发生了根本性的改变。由于土地已变为集体所有，因此劳动产品的分配，也由初级社的按劳计酬与股份分红相结合变成了单纯的按劳分配。

到1957年末，农村高级合作社总数达到75.3万个，入社农户1.19亿户，占农户总数的96%以上。原定大约用3个五年计划或更多一点时间（即15年以上）完成的农业合作化，提前10多年就完成了。农业合作化确实使农业可以在较大面积的土地上实行统一种植，也有利于实行机械作业，有利于大规模组织农田水利设施建设，还增强了农民共同抵御自然灾害的能力，但快速改变整个农村的土地等生产资料所有制，究竟会对农民的心理、对农业生产、对农村社会发生什么样的深刻影响，当时人们还根本来不及考虑。盲目提高生产资料的公有制水平和合作社规模扩大的热情完全替代了理性，以致于在办好高级社尚缺乏经验和实践检验的背景下，农村的合作化运动又转向了大办人民公社。

3. 人民公社体制的建立与多次调整

在“大跃进”[①] 背景下，从 1957 年冬开始，一些地方在农田基本建设过程中出现了打破社界、乡界、县界甚至省界的组织形式，由此产生了在合并高级社的基础上建立更大规模生产组织的设想。

1958 年 3 月，中央决定把小型农业合作社适当合并为大社，而到了当年的 8 月份就决定在全国农村建立人民公社。人民公社在生产上实行集中领导，统一负责盈亏，以生产大队为经济核算单位，以生产小队为组织劳动的基本单位。当时最有名的是河北省徐水县的人民公社，它将全县 248 个高级社合并为一个公社，叫作徐水县人民总公社，徐水县成为“大跃进”的“明星县”和“共产主义试点县”。据统计，1958 年 3 月至 10 月 30 日，先后有 40 多个国家、930 多名外国友人和 3000 多个国内单位派人到徐水参观。

在提前进入共产主义的狂热氛围下，到 1958 年 11 月，全国共建立人民公社 26572 个，加入的农户达 12692 万户，99.1% 的农民已经入

① 1958 年中国在经济建设中发动的以高指标为主要标志的运动。1960 年冬，中共中央发出《关于农村人民公社当前政策问题的紧急指示信》，开始纠正农村工作中的“左”倾错误，大跃进运动停止。大跃进运动违背客观规律，严重破坏社会生产力，打乱正常生产秩序，造成国民经济各部门之间、积累和消费之间比例严重失调。经济工作中急躁冒进的“左”倾错误，使国民经济遭受严重挫折，人民生活受到很大的影响。从 1961 年起，国家不得不用 5 年时间进行经济调整。

社。平均每个公社4797户，相当于高级社户数规模的30倍左右。

徐水县的人民公社化运动

只有31万人口的河北省徐水县，其人民公社运动具有典型性。在1957年至1958年冬春之际的农田水利建设中，提出了“行动军事化，作风战斗化”的口号，组织了一支10多万人的劳动大军，打破社、乡界限搞大协作，实行全县劳动力的统一调配。从1957年11月起的3个月中，治理了27座山头，打了5000眼井，挖了500多里水渠，用工8万个，挖了2400万土石方。时任国务院副总理的谭震林听了汇报后，对此给予高度评价。后中央农村工作部派人总结经验写了报告。毛泽东看了报告后，批示要普遍推广徐水县经验。此后，徐水县成了河北省乃至全国“大跃进”的典型。1958年6月中旬，徐水县城附近的香家庄村成立了全县第一个公共食堂。县委提出了“行动军事化、田间管理工厂化、思想共产主义化、领导方法群众路线化”的口号，发动了一场所谓的农业生产方式大革命、农村生活方式大革命。为推动劳动大协作，还推行了全县食堂化。到7月16日为止，徐水全县已建立公共食堂1777个，在食堂吃饭的有28.5万人，占全县总人口的85%以上。按照当时的估计，认为这样可以每天节约10万个小时，等于每天增加1万个劳动日，折成劳动力32000个。

1958年8月4日，毛泽东亲临河北徐水县视察。尽管1957年徐水的粮食亩产仅为138斤，但县称1958年亩产可达2000斤，全年可达12亿斤。8月5日，县委第一书记张国忠做了《向共产主义进军》的讲话，并宣布全县248个农业社转为人民公社。8月22日，徐水县委草拟了《关于加速社会主义建设向共产主义迈进的规划草案》，提出“1959年基本完成社会主义建设，并开始向共产主义过渡，到1963年即进入伟大的共产主义社会”的奋斗目标。在得到毛泽东的肯定后，徐水县成为“大跃进”的“明星县”和“共产主义试点县”。

9月20日，徐水县发布了人民公社实行供给制的试点草案，宣布取消粮票，让大家放开肚皮吃，每人还可以发一张券到供销社去领布料。9月15日，徐水县成立了“徐水县人民总公社”，由县一级统一核算，并取消干部、职工的薪金和社员的劳动报酬，对全县人民在吃、穿、住等方面实行生活“十五包”。此后，所有生产资料和大部分生活资料都归公，并准备修建若干个居民点供社员居住。但由于资金、物资等都不可能供应得上，导致拆了3万多栋房子却建不起来，生活方面的大包大揽很快就难以为继，这场共产主义运动就此迅速流产。

毛泽东了解到真实情况以后非常失望，并对此进行了批评和否定。1958年11月2日至10日，毛泽东在中央工作会议上对徐水进行了批评:“徐水的全民所有制，不能称是建成社会主义。小全民所有制即大集体所有制，人力、财力、物力都不能调拨”，“现在不能叫共产主义，水平太低，只能说共产主义的因素和萌芽，不要把共产主义的高标准降低了”，“徐水把好猪集中起来给人家看，不实事求是”。

人民公社制度的基本特征是“一大二公”和“一平二调”。所谓“一大二公”，指人民公社土地和人口的规模大，人民公社生产资料所有制的公有化程度高，而且实行政社合一体制。但要在这么大的范围内对生产实行科学管理，对劳动成果进行合理分配，显然已远远超出了现实的可能性。再加上合作社被大规模合并后，生产资料、劳动力和资金、物资等被随意调拨，人们的统一劳动无法实行有效计量和监督，严重挫伤了农民的生产积极性，使农业生产受到极大挫折，粮食产量大幅下滑。1962年的粮食总产量下降到1.6亿吨，比1957年减少了3505万吨，减产18%，成为导致1959—1961年国民经济遭遇严重困难的主要原因。

在这种情况下，中央政府对“一大二公”的人民公社体制做出了调整。首先是要求高层干部和地方加强调查研究，重点解决生产队与生产队之间，以及生产队内部人与人之间平均主义的问题；其次，最为核心的是将人民公社的经济核算单位逐级下放，最终确定以生产队为基本核算单位。调整后，生产队的规模大致相当于初级社。基本核算单位的下放，意味着农村人民公社内部的所有制结构也做出了调整，从人民公社集体所有制调整到生产大队所有制，再调整到生产队所有制。公有化程度不是向全民所有制过渡，而是实行公社、大队、生产队三级所有，并以生产队的土地所有制为基础。自此，人民公社这种“三级所有、队为基础”的体制就相对稳定下来。

做出这些调整后，农民的生产积极性得到了相当程度的调动。粮食总产从 1962 年的 1.6 亿吨提高到 1978 年的 3.05 亿吨，差不多翻了一番，全国人均占有粮食的数量从 240 公斤提高到 318 公斤，增长了 32.6%。

1982 年 12 月 4 日，第五届全国人民代表大会通过的《宪法》修正案中，第一次明确了城市的土地归国家所有，农村的土地归集体所有。之后，中国农村又实行了“撤社建乡”，即撤销人民公社，建立由当地人民代表大会选举产生的乡级人民政府，并基本以原人民公社时期的生产大队为规模，设立村民委员会，实行村民自治制度。中国农村这种土地属于一定范围内的农民集体所有的制度是非常独特的。而整个国家的农村土地制度能够如此迅速地实现脱胎换骨的根本转变，在人类发展史上也不多见。虽然世界上至今对中国农村的土地集体所有制仍然众说纷纭，但这就是中国人民在艰辛探索中对中国现实命题所给出的答案，是今天中国道路不可分割的一部分。

第五节　中国为什么选择了走农村土地集体所有制的发展道路

农村土地制度是农村经济和社会制度的基础。数千年来，中国农村的土地制度在不断变迁、演进，在这片广袤的土地上实行过各种各样的土地制度：井田制和授田制，屯田制和均田制，土地私有制和公有制，各种土地制度不断交错、碰撞与淬炼，在人类历史上恐怕很难找到像中国这样有如此广度与深度的对农村土地制度变革的探索。

在中国漫长的农业文明发展史中，持续了2000多年的土地私有制，无疑对中国经济社会发展的历史轨迹发生过举足轻重的影响。新中国成立后，执政党和中央政府在深入分析了中国农村土地制度的演变过程和历史教训后，根据中国的具体国情和自身的执政理念，在不足10年的时间内，开展了一系列大规模的土地制度变革试验，并彻底颠覆了农村土地的私有制。首先是通过土地改革，彻底铲除了封建的地主土地所有制，实行了农村土地的小农户私有制，在此基础上引导农民加入保留土地私有权的农业生产互助组和初级农业生产合作社；接着又发动农民加入实行土地集体所有制的高级农业生产合作社，并在此基础上建立起了规模更大、土地等农业生产资料公有制程度更高的人民公社制度。到20世纪50年代末，中国农村全面实行了土地集体所有制。

农村土地的集体所有制，是指农村土地分别属于一个个具体的农村集体经济组织的成员集体所有，而这样的农村集体经济组织在全国有数百万个之多；农村集体的土地所有权不可分割到农户家庭和个人，土地的所有权不能买卖。上世纪70年代末农村改革后，废除了人民公社体制，实行了以家庭承包经营为基础、统分结合的双层经营制度，但这并没有改变农村土地仍属于集体所有的性质，农村集体经济组织也依然存在。可以说，农村土地的集体所有制已经成为中国特色社会主义经济制度的一大重要基础，也是中国农村经济、社会制度的基本标志。

新中国成立后为什么会选择农村土地集体所有这种独特的制度，这要从中国的历史和现实两个维度来分析。

早从春秋时期魏国的李悝变法（公元前445年）开始，中国就逐步实行了土地私有制。土地私有制和土地所有权可以自由买卖这个制度设计，在中国运行了2000多年。现在回过头去分析这个制度，尽管它对历史进步曾起到过积极的推进作用，但仍不难看出它有两大弊端：一是它不可能跳出小农户的土地被豪强兼并的命运；二是无地或少地的农户不得不承受高额地租的盘剥以租佃地主的土地来生存。

中国有着漫长的农耕文明史，实行土地私有制后，看似农户能够成为独立的经营主体，但在依靠人力、畜力耕作的传统农业时代，生产力水平极为低下，小规模经营的农户经济就处于极不稳定的状态，稍有天灾人祸就可能陷入破产的境地。这种背景下的土地私有制和允许土地自由买卖，实际上就为农村的豪强者提供了兼并小农户土地的机会，他们往往与官吏相勾结，借着天灾人祸大肆兼并土地。这种状况发展到一定程度，就必然会引发剧烈的社会冲突。失去了土地、失去了生存希望的农民往往会揭竿而起，以武力去反抗夺走他们土地的农村豪强和与之相勾结的官府，从而动摇封建王朝的统治基础，甚至引发改朝换代。为此，统治者往往在土地矛盾尖锐时，不得不对农民的抗争做出一定的让步，采取均分土地、限制兼并等政策措施以缓和矛盾，让农民得以生存。但当天灾人祸再次来临时，小农户照样会破产，土地仍然会被豪强兼并，如此周而复始，严重破坏了农村生产力的发展。因此，中国2000多年农村土地私有制的历史，实际上就是一部农村土地不断兼并、均田、再兼并、再均田的历史。历代统治者也看到了这种土地制度所存在的种种弊端，也作过无数次制度变革的探索，如从北魏到唐朝的均田制，宋朝的王安石变法，明朝张居正的“一条鞭”法，清朝康熙年间实行的“摊丁入亩”等，但中国农村的土地却始终走不出这个历史的轮回。而中国的农户则一直在破产、重建、再破产、再重建的循环中不断挣扎。因此，即使在清代的“康乾盛世”（1661 年—1795 年），农民生活的艰难困苦仍然非常普遍，“清兴五十余年矣。四海之内，日益贫困，农空、工空、市空、仕空”①。

在土地周而复始的兼并过程中，中国农村长期存在着“富者田连阡陌，贫者无立锥之地”的两极分化现象，由此导致出现了大量无地或少地农户为维持生存不得不以高额地租向地主租赁土地的佃农现象。抗日战争时期，在中国共产党领导的抗日根据地开展了减租减息运动，规定地租一律先降低 25%，减租后的地租水平不得高于租赁土地产出物的 37.5%，这就是所谓的二五减租和三七五减租，实行减租前的地租水平之高由此可见一斑。新中国成立前后（1946—1952 年），据各地的抽样调查，在土地改革之前，只占全国农业经营者总户数 7% 的地主、富农家庭，却占有全国农村耕地总面积的 52%，农村土地所有权的集中程度由此可见一斑。不难看出，土地兼并和高额地租，是拖累中国农业发展、农村稳定、农民摆脱贫困的两大毒瘤。2000 多年的历史证明，在中国这样一个人多地少的国家里，土地私有制并不能解决中国的农业发展、农村稳定、农民富裕问题，只有进行新的土地制度探索，才能走出历史的轮回，开辟中国农业农村发展和农民摆脱贫困的新时代。

如何理解当前中国实行的农村土地集体所有制呢？首先，一国土地制度的选择与执政党的理念直接相关。而对中国农业农村发展道路

① 见唐甄《潜书·存言》。

的选择，则包含着深刻的国家价值观和民族信仰，当然也包含着对历史教训的深刻记忆。中国是一个社会主义国家，《宪法》规定，社会主义制度是中华人民共和国的根本制度。国家的根本任务是，沿着中国特色社会主义道路，集中力量进行社会主义现代化建设。中国改革开放的总设计师邓小平同志指出，“社会主义的本质，是解放生产力，发展生产力，消灭剥削，消除两极分化，最终达到共同富裕。”习近平主席在中共十九大报告中提出，到2050年，中国将成为综合国力和国际影响力领先的国家，全体人民共同富裕基本实现，我国人民将享有更加幸福安康的生活。由此可见，发展是手段，人民群众的共同富裕才是目的。秉持“共同富裕”的奋斗目标，是当代中国共产党人与历代执政者执政理念的根本区别。有了这种执政为民的理念，才有了中国基本的制度和道路选择，才有了对农村实行土地集体所有制的选择。中国共产党在领导农村土地改革时，并没有设想要实行农村土地集体所有制。在中华人民共和国成立后颁布的第一部法律——《土地改革法》中开宗明义地规定：废除地主阶级封建剥削的土地所有制，实行农民的土地所有制，并允许土地自由买卖。但土地改革刚刚完成，就有少量缺资金、缺劳力、缺耕畜的农户迫于生计而卖掉了刚分到家的土地。这不能不使执政党深入思考：怎样才能彻底根除历史上反复出现的土地兼并现象，怎样才能使农民不会失去土地？正是为了避免历史悲剧的重演，中国农村的土地才走上了集体所有制的道路。

其次，农村土地集体所有制的核心是不让农民轻易失去土地。农村的集体所有制不同于国有制。中国的土地国有制，是指属于全民所有的土地由代表全民利益的国家来行使所有权，中国的任何一个公民或法人都有权依法申请和使用国有土地。而农村土地的集体所有制则不同，每个农村集体经济组织的土地只属于这个组织的农民集体所有，农村集体经济组织的成员权是拥有农村土地所有权的前置条件，因此这个所有者权利是一个在农村集体经济组织内部相对封闭的权利体系，这种制度的独特设计，显然与中国农村以血缘、地缘关系维系的传统村庄的形成过程有着很大关系。为了适应农业生产的基本规律，农村改革打破了人民公社时期对集体土地只能由集体统一经营的限制，实行了以本集体农户承包本集体耕地进行经营的制度，由此形成了以集体土地由成员家庭承包经营为主要特征的农村基本经营制度。可以说，农村土地属于本集体组织成员集体所有，这是中国农村的根本制度，它是一种不会使农民失去土地的制度。农村基本经营制度是农村土地集体所有制的实现形式，农村土地集体所有权是土地承包经营权的基础和本位。习近平主席指出，农村基本经营制度是党的农村政策的基石。坚持党的农村政策，首要的就是坚持农村基本经营制度。坚持农村基本经营制度，不是一句空口号，而是有实实在在的政策要求。这个要求的基本内容是什么呢，那就是家庭承包经营在农业生产经营中居于基础性地位，集中体现在农民家庭是集体土地承包经营的法定主体。农村集体土地应该由作为本集体经济组织成员的农民家庭承包，其他任何主体都不能取代农民家庭的土地承包地位。农民家庭承包的土地，可以由农民家庭自己经营，也可以通过流转土地的经营权由其他经营主体经营，但不论土地的经营权如何流转，集体土地的承包权都属于农民家庭。任何组织和个人都不得剥夺和限制农民承包本集体土地的权利。这是农民土地承包经营权的根本，也是农村基本经营制度的根本。有了这一条，农民就不会失去土地，就不会流离失所，农村也就不会再发生土地兼并现象，农民基本的生存就会得到有效保障，而这也是中国农村土地集体所有权制度设计的初衷。

再次，农村土地集体所有制并不排斥灵活多样的和市场化的土地经营方式。随着中国经济的快速发展，农村的分业分工更加细化，大量农村劳动力进城务工经商，相当一部分承包本集体土地的农户不再种地，流转承包土地经营权的农民家庭越来越多，出现了土地承包主体同经营主体发生分离的现象，这是中国农村在工业化、城镇化背景下出现的新趋势。针对这个新变化，中央对完善农村基本经营制度提出了新要求，那就是对农村土地实行所有权、承包权、经营权“三权”分置的制度创新，即明确土地的集体所有权、稳定农户的土地承包权，放活承包土地的经营权。近些年来，按照“三权分置”的改革思路，在创新农业经营体系方面，广大农民在实践中创造了多种多样的新形式，通过流转农户承包耕地的经营权，发展起了专业大户、家庭农场、专业合作、股份合作、农业产业化经营等各种新的经营主体，加上为农户提供生产性服务的农业社会化服务体系，形成了耕种收等生产环节靠社会化服务、日常田间管理靠家庭成员的经营形式，使普通农户通过购买服务，也能利用现代技术装备来经营农业。中国国土幅员辽阔，各地情况差别很大，各种经营主体、各种经营方式，各具特色、各具优势，在不同地区、不同产业、不同环节都有各自的适应性和发展空间。只有根据实际情况和不同农产品生产特点，才能让农民自主选择他们满意的经营形式。由此可以看出，中国的农村土地集体所有制，既有为保障农民基本土地权利的封闭性，也有很强的市场开放性，完全能够适应经济社会的发展变化，并不断对自身的实现形式进行调整和完善，以使农村的生产关系更加适应生产力发展的发展。

实践证明，在实行农村土地集体所有制的近70年时间中，中国农村再也没有出现过土地被兼并和农民遭受高额地租盘剥的现象，而在实行农村土地集体所有制的背景下，中国的农业发展和农民生活的改善，则已是不争的事实。数千年来农民对小康社会的憧憬即将实现，中国的农业、农村和农民正按照中共十九大提出的“产业兴旺，生态宜居，乡风文明，治理有效，生活富裕”的实施乡村振兴战略的总体要求，信心满怀地走向现代化的未来。中国农业、农村发展和农民摆脱贫困、走向富裕的事实证明，中国农村选择的发展道路是正确的，包括坚持实行农村土地集体所有制在内的中国农村治理体制和基本制度是适合中国具体国情的。

第三章

从改革开放到世纪之交的中国农村巨变

中国改革开放的第一声春雷是在农村打响的，家庭联产承包责任制的实行则是标志性的重大历史事件。破除人民公社体制，对集体所有的土地通过联系产量的承包制度，将农业的基本经营单位落实到农户家庭后，中国随即又启动了农产品流通体制、全面活跃农村经济、放松对农民转移就业等方面的改革，农业农村的发展进入了一个新的历史阶段。中国的农村改革不仅极大地激发了农业发展的活力，解放和发展了农村生产力，开创了农村发展的新局面，也为中国全面推进经济体制改革提供了条件，为全面建成小康社会和实现“两个百年奋斗目标”奠定了基础。

第一节　农业生产经营重归家庭

1. 从农业生产责任制开始突破——对包产到户的大争论

历史的车轮总是滚滚向前，农村改革的不断推进，是农民自己不断努力、创造和共产党人实事求是、尊重规律的结果。农业生产经营是通过一个怎样的波折过程而从集体重归到家庭的，这要从农业生产责任制说起。前面讲到人民公社的基本核算单位最终下沉到了生产队，但仍然没有回到农民家庭，农业生产还是以生产队为基本单位进行，社员劳动积极性仍难以充分得到调动，生产的发展仍然缓慢。

在这种情况下，1960 年 8 月开始，安徽恢复了包工、包产到组的集体责任制。当年冬天，在集体责任制的基础上，把责任制同社员自身的物质利益开始挂钩，按每户社员的劳动力承包耕地，再按照实际产量分配报酬，产量越高，收入也就越高。而耕地承包到户、产量联系到户，这便是当时所说的“责任田”。实行“责任田”后，劳动力的出勤率大大提高。到了 1961 年初，安徽已经有 39.2% 的生产队实行了责任田，到年底居然增加到了 90.1%。当时安徽实行的责任田制度，具体内容是社员以户为单位承包生产队的土地，并负责完成定额产量指标，实行超产全奖、减产全赔。这种做法实际上就是所谓的“包产到户”，但土地还是归集体所有。但这次地方基层包产到户的尝试在 1964 年间被停止了。以安徽省责任田为代表的包产到户，虽然经历了几年波折而被中止了，但包产到户作为社会主义集体所有制农业组织的一种重要经营方式的尝试，却在中国农村的大地上撒下了种子，为后来家庭联产承包责任制的诞生奠定了思想基础和实践经验。

为农村改革撬开一条缝，用中国式智慧破题。中国的农村在艰难探索中一直走到了1978年，又一轮对包产到户大讨论的风潮即将到来。随着具有里程碑意义的中国共产党十一届三中全会的召开，鼓励发展农业生产的政策大环境开始改善。虽然当时出台的文件中仍在说“不许包产到户”“不许分田单干”，但肯定了包工到组、联产计酬等管理方式。文件下发后的几个月内，全国1/3的生产队实行了包产到组。

一直到了1979年，在一次较高层次的讨论会上，大家对农村问题争论激烈，焦点就是要不要包产到户，而结果是大多数人还是反对包产到户。刚刚就任国家农委的负责人出了一个主意：在“独门独户”上做文章。原来，这次会上有人讲到，贵州山区有些住在大山顶上的苗族农民，从来就不参加集体劳动，自种自收，每年向生产队交些玉米就行了；西北山区一些分散居住的“吊山庄”离生产队很远，也是这个办法。后来的文件中就有了这样一句话：“除了某些副业生产的特殊需要和边远山区、交通不便的单家独户外，也不要包产到户。”这句话，后来被写入了十一届四中全会的正式文件中。比起三中全会的“不许包产到户”，这句话为后来的农村改革撬开了一条小缝。

1980年5月，邓小平①对农村政策发表了重要谈话，他肯定了安徽省肥西县的包产到户和凤阳县小岗村的包干到户，这又一次引起了人们对“双包到户”问题的新一轮讨论，虽然意见仍未完全统一，最后还是形成了1980年著名的“75号文件”。“75号文件”是争论双方妥协的产物。即在一般地区，集体经济比较稳定，“可以使群众满意的，就不要搞包产到户”，对于边远山区和贫困落后的地区，“可以包产到

① 邓小平（1904—1997），马克思主义者，中国无产阶级革命家、政治家、军事家、外交家，中国共产党、中国人民解放军、中华人民共和国的卓越领导人，中国社会主义改革开放和现代化建设的总设计师。邓小平理论的主要创立者。

户，也可以包干到户”。“75号文件”让农民有了自由选择的权利，“可以……可以……也可以……”的表述，日后成为有名的“改革公式”。与此同时，国家农委派出了调研组，对各地农民包产到户情况进行摸底调研，调查得出了三点总结：第一，家庭经营在当下的农业生产中具有不可取代的优越性；第二，农民更倾向平均分包土地而不是按劳动力分配土地，这反映出土地对于农民的保障功能；第三，即使先进地区的农民，也愿包产到户，他们更希望获得经营的自主权。这个报告得到了中国决策层的高度重视和认可。就这样，至1981年底，全国实行包产到户的社队已近半数。

到1981年底中央农村工作会议召开的时候，在全国实行包产到户的思想道路已经开通。12月21日，文件在中共中央政治局通过，定名《全国农村工作会议纪要》。这就是人们常说的中国农村改革“五个一号文件”中的头一个。这个一号文件最重要的一点，就是第一次以中央的名义肯定了包产到户和包干到户，并且长期不变。政策的闸门终于打开，长达20余年的关于包产到户的大争论，至此终于有了定论。

不久，包产到户、包干到户从贫困地区向其他地区迅速扩展。到1982年底，实行包产到户和包干到户的农户已达90%。1983年1月，中共中央颁发了《当前农村经济政策的若干问题》，对以“双包”为主要内容的家庭联产承包责任制给予了高度评价。到1983年，连发达地区也基本都实行了包干到户。1984年1月1日，中共中央颁发了《关于一九八四年农村工作的通知》，把土地承包期延长至15年，并鼓励土地逐步向种田能手集中。到1984年底，全国569万个生产队中，99%以上实行了包产到户或包干到户，其中96%以上实行的是包干到户。1986年6月25日，全国人大常委会通过《中华人民共和国土地管理法》（以下简称《土地管理法》），以法律的形式确立了家庭联产承包责任制：“集体所有的土地，全民所有制单位、集体所有制单位使用的国有土地，可以由集体或者个人承包经营，从事农、林、牧、渔业生产。土地的承包经营权受法律保护。”由此明确了中国农村集体经济组织基本经营制度的核心内容。

包产到户和包干到户最重大的制度意义在于，终于承认了农业生产经营的基本单位是农民家庭的客观规律，农业的生产经营自主权终于再一次回归到了农户家庭。包产到户的效果可以说立竿见影，一举打破了农业生产长期停滞不前的局面，极大地解放了农业生产力。粮食总产量从1978年的3.05亿吨增加到1984年的4.07亿吨，农村社会总产值年均增长16.4%，农民实际收入年均增长15.1%；而同期城镇居民人均收入年均增长7.93%，城乡收入差距在这一时期明显缩小。中国农业生产获得了巨大进步，1984年粮食总产量创了当时的历史最高记录，基本上解决了长期困扰全国人民的温饱问题。

中国农村改革的标志性事件：小岗村的故事

小岗村，中国安徽省凤阳县一个默默无闻的小村庄。而说到中国农村改革，就必须要知道小岗村农民自发搞包干到户的故事，因为它是中国农村改革的一个标志性事件，大家把它看作是新时期中国农村改革的实质性起点，农村土地政策再次发生巨变的地方。直到今天，中国的最高领导人仍然经常去那里走走看看，和当地的老百姓拉拉家常，叙叙旧，听听他们对中国农村改革的意见和看法。

1978年以前的小岗村，就一个字——“穷”。在当时属于“吃粮靠返销、生活靠救济、生产靠贷款”的“三靠村”。如果靠不上怎么办，那就出去要饭。要饭要到什么程度，据严立华老人的回忆，“一年365天，300天讨饭”。那时的小岗村，还只是一个只有18户、115人的生产队，但因全村老小大部分都外出乞讨，早已是远近闻名的乞丐村。

这时候出现了一个历史性人物——严宏昌。1978年，他被生产队从在外打工的岗位上拉回来，希望他能够改变小岗村从来没完成过国家生产任务的窘状。回来后，是村里老人们的一个说法触动了他，“怀念1950年至1955年家家户户有土地的那段日子”。简单的话语，却道出了农民的心声。严宏昌暗想，要救小岗，只能把地分到各家手中。然而，在那个年代，即便只是简单地将这个想法说出来，也是件麻烦事，要承担巨大的政治风险。从1978年9月起，严宏昌在出工期间悄悄将这一想法和生产队里的其他人进行沟通。最终，以严宏昌答应“出来牵头”作为条件，18户人家才全部同意。

1978年11月24日下午5点多，18户的代表终于聚齐在了严立华家里。之所以选在严立华家，是因为只有他家有前后两间房，妻儿在后屋睡觉，他们在前屋开会。“我们赌过誓，连老婆孩子也不能说，谁说谁就不是人。”严宏昌回忆说。在纷纷杂杂地说了4个小时后，严宏昌拟下了这份改变历史的“生死状”，带头摁下了红色的指印。其他17户一家接一家地将自己的拇指压在了这张纸上。“生死状”的结尾写道：“我们的干部坐牢杀头也甘心，大家也保证把我们的小孩养活到18岁。”所指的干部，即为严宏昌、严俊昌等人。现在，这张生死状已经被保存在历史博物馆。

签下“生死状”的当晚，就将生产队里的种子、生产工具分到了18户村民，次日又分了田。家里分到自己经营的田地后，开创了在农村集体所有的土地上由农民实行家庭经营的先河。这就是中国农村改革史上著名的“大包干”。这种制度转变的核心，就是农业生产的基本单位落实到了农户，农民又一次真正成为土地经营的主人。

1979年10月，小岗村打谷场上一片金黄，经计量，当年粮食总产量66吨，相当于全队1966年到1970年5年粮食产量的总和。这样一个“冒天下之大不韪”的创举，竟意外地拉开了中国农村改革的序幕，也证明了农村改革势在必行。

2.“包产到户”与“包干到户”的区别——自主权落到哪

1980 年 5 月，邓小平高度赞扬了安徽省农村改革的做法，他说到，“一些适宜搞包产到户的地方搞了包产到户，效果很好，变化很快。安徽肥西县绝大多数生产队搞了包产到户，增产幅度很大。‘凤阳花鼓’中唱的那个凤阳县，绝大多数生产队搞了大包干，也是一年翻身，改变面貌。有的同志担心，这样搞会不会影响集体经济。我看这种担心是不必要的”[①]。邓小平讲的这两个地方代表了在改革开放之初，承包土地的两种不同的典型做法，那就是肥西的“包产到户”与凤阳的“包干到户”。那这两者有区别吗？实际上，“包产到户”和“包干到户”虽一字之差，却有根本区别。最大的区别就是核算单位落在哪，普通农户对农业生产经营的自主权是否完备。

“包产到户”就是以土地等主要生产资料公有制为前提，以户为单位承包，包工、包产、包费用。按合同规定在限定的生产费用范围内完成一定的生产任务，实现承包合同指标受奖，达不到承包指标受罚。比如说，作为农村集体经济组织成员的张三，承包了集体的 10 亩地，集体根据常年产量的要求，提出粮食产量的指标。如果这 10 亩地每亩应该收 800 斤粮食，那么最后张三就要交 8000 斤粮食给集体，但如果产出了 10000 斤粮食，那多出来的 2000 斤就由集体和农户按照商定的比例分成，但不管怎么样，都是粮食先交给集体，再由集体分配给农户，因此最终的经营核算权还是在集体。包产到户的制度意义在于，打破了人民公社生产队内部在分配上的平均主义。需要注意的是农户虽然有了在承包地上支配劳动的自主权，却没有经济核算和分配产品的自主权。

“包干到户”，又称“大包干”。就是指承包合同中不规定生产费

① 见邓小平《关于农村政策问题》(《邓小平文选》第 2 卷，人民出版社 1994 年版，第 315 页)。

用限额和产量指标，由承包者自行安排生产活动，产品除向国家交纳农业税和征收任务、向集体交纳公共提留以外，剩余部分完全归承包者所有。用老百姓的话说，就是“大包干、大包干，直来直去不拐弯，交够国家的，留够集体的，剩下都是自己的”。这好像是分配制度的改革，实际上后面的话含义是非常深的。还是以张三承包集体的 10 亩地为例，这个分配制度之所以能极大调动承包农户的生产积极性，不仅因为它能够促使承包农户努力增产，以扩大“留下都是自己的”那部分的比重，而且因为它可以促使承包农户按市场供求状况来配置资源。如张三发现交够国家征购任务和集体所要提留后，他家自己只需要留 3000 斤粮就够了，而他经过努力，用 7 亩地就可以生产出 7000 斤粮食，这样，承包地中的另外 3 亩他就可以生产市场紧缺的其他农产品，就可以获得更高的收入了。这也是为什么一包干到户之后，突然之间发现市场上农产品极大地丰富起来的重要原因。实行“包干到户”后，生产队不再要承包户上交承包地上的全部粮食产量了，而是要求：第一，张三必须自行完成国家的粮食征购任务，如每亩 300 斤的征购任务，承包 10 亩耕地的任务就是 3000 斤；第二，张三应向生产队缴纳用于公共开支的提留款，如每亩 100 斤，承包 10 亩耕地，应交 1000 斤粮食。除此之外，张三还剩下多少粮，就都归他自己所有。但实际上，生产队承包给张三的 10 亩耕地，到底种什么，也都由张三自己决定，他只要能够完成国家的征购任务和集体所要的提留，自己怎么种都可以。

3. 农村基本经营制度的确立——家庭经营与统一经营相结合

一个国家，总有那么几项起到顶梁柱作用的制度，譬如说美国的联邦制度、三权分立制度、选举人制度等；中国的社会主义公有制、人民代表大会制度、民族区域自治制度、政治协商制度、基层群众自治制度等。这些基本制度构成了一个国家基本的政治、经济和社会构架，是基础和底层的制度，对于一个国家而言，这种制度框架是不能随意改变的，是需要不断完善和长期坚持的。中国社会中人与社会、人与人、社会与政府之间的政治、经济关系都是从基本制度衍生出来的，所以说，基本制度对于一个国家和这个国家的所有社会成员而言是非常重要的。

中国农村的经营制度就是这样一个制度。虽然农村家庭联产承包责任制自 1978 年后在中华大地迅速推广实行，但第一次提到“基本制度”这个概念，则是 1991 年颁布的《中共中央关于进一步加强农业和农村工作的决定》，“把家庭联产承包为主的责任制、统分结合的双层经营体制，作为我国乡村集体经济组织的一项基本制度长期稳定下来，并不断充实完善”。1992 年的《宪法》修正案，正式将这一中国农村的基本制度确定下来。农村基本经营制度的确立与农村土地的家庭承包在中国大地的迅速普及有着直接关系。中央政府不但认可了普通人民群众创造的这项制度，而且赋予了它明确的法律地位。

对于这项制度，还要进一步解释一下。中国农村的基本经营制度非常有中国特色，它与中国农村土地的集体所有制紧密相连，是从土地集体所有这个最基本的制度构架中衍生出来的。这个制度的确立，对中国经济社会发展做出的贡献是难以估量的。

关于中国农村基本经营制度，现在的《宪法》中是这样表述的，“农村集体经济组织实行家庭承包经营为基础、统分结合的双层经营体制”。通俗一点讲，所谓“家庭经营为基础”，就是农户家庭是承包集体土地的基本单位，农民能够自主决定种什么、怎么种、如何卖，卖给谁，生产的收益则全部由自己来支配，这就使得农民家庭成了农业生产经营的真正主体。只有这样，才能打破收益分配上的平均主义，才能充分调动亿万农民从事农业生产的积极性，老百姓才会对未来充满希望。所谓“统分结合的双层经营”，就是指在农户家庭经营的同时，也要坚持必要的集体统一经营，对一些不适合农户分散经营或者农户不愿承包经营的经济活动，比如大规模的农田水利建设，农作物的植保、防疫、制种以及产前准备、产中管理、产后销售等服务，可以由集体组织来统一经营和管理。家庭分散经营与集体统一经营相结合的这种经营体制，能够有效协调集体利益和个人利益的关系，既能调动农民的生产积极性，又能发挥集体经营的优势。

实行这项制度以来，中国的粮食产量从3.05亿吨增加到了6.16亿吨，全国农民的人均年收入从134元增长到了12363元。总体来看，中国农村基本经营制度的运行是有效的，取得的成绩举世瞩目。很有意思的是，中国人自己设计的这项制度之所以能够这么有效果，是因为它连接了中国社会中最有特殊性的几个重要变量，那就是国家、村落、宗族、私产和农业自身的生产规律。从国家的角度看，这项制度为中国高速的城镇化进程提供了独一无二的低成本的高效运行机制；从村落的角度看，能够有效发挥集体经济组织集中力量办大事的优势；从个人的角度看，能够满足家庭对土地占有、使用和收益的需求；从农业生产规律看，可以有效地发挥农户生产的积极性，让农民尽心尽力的付出获得应有的报酬，从而使农业生产能最大限度地提高效率。这项制度可以说是人类制度史上的又一颗奇异的硕果，它也将伴随着中国的发展不断健全完善，为中国农业农村的现代化发挥更大作用。

第二节 农产品市场机制的逐步恢复

1. 从提高农产品收购价格开始的市场化改革

中国在特殊时期建立起来的农产品统购统销制度，在农村家庭联产承包责任制的撼动下，开始出现松动。最主要的原因是农民有了生产和销售农产品的自主权。农民在完成了国家、集体所需要的粮食等农产品生产任务之后，有了自己的生产剩余，有剩余就有交易的需求，有交易的需求就会产生市场，有了市场就可以根据市场需求不断地优化配置资源，从而形成了生产、流通和消费的良性循环。在农产品供求矛盾缓解之后，改革面向了新的突破口，那就是价格。

让我们先看看当时中国农产品市场取向改革的大逻辑。首先，农村土地实行家庭承包经营后，农民的生产积极性得到极大释放，农产品的供给有了明显起色，人均粮食能够满足温饱，而城镇人口的收入已经有较大提高，可以负担更高价格的食品支出，这是改革的基础和前提。其次，开始着手提高农产品的价格，进一步调动农民生产积极性，但由于无法把握市场对农产品的真正需求数量，一步大幅度提价很容易造成农产品价格暴涨，进而引发严重的社会问题。因此，需要引入流通体制和价格的“双轨制”，即国家掌控一部分与市场流通一部分同步进行。再次，逐步缩小统购统销的农产品品种范围和收购规模，扩大市场调节的比重。最后，在农产品供求基本平衡以后，取消统购统销制度和相应的配套制度，从计划经济和市场经济并存的双轨制逐步过渡到以市场经济为主的单轨制，从而实现农产品购销和定价向市场化转型。双轨制中存在大量的不可控性，要求政策设计要相当精细，当时在操作过程中确实充满着各种危机与挑战，如履薄冰。

从 1979 年开始，国家有计划地提高农产品收购价格，陆续减少统购派购的农产品品种。从当年的 3 月份起，陆续提高粮食、油脂油料、棉花等 18 种主要农产品的收购价格，平均提价幅度达到 24.8%。其中，粮食的全国平均提价幅度为 20%，同时，超购加价幅度由原来的按统购价加 30% 提高到按统购价加 50%。油脂和棉花的提价幅度也分别达到 25% 和 15%。同年 11 月，又相应提高了猪肉、牛羊肉、蛋、奶、水产品等 8 种主要副食品销售价格。同时对职工发放适当的副食品价格补贴，粮食、油脂、棉花、食糖等生活必需品的销售价格保持不变，购、销价格倒挂的亏损主要由国家补贴。当年，还逐步恢复了粮食、油料等农产品的议价收购，允许有一定的价格浮动范围。

通过以上措施，社会农产品的价格总水平有了较大提高。特别是粮食价格的提高，对农产品供给的进一步充裕功不可没。从 1979 年到 1984 年，对于农民来说实际上有三个粮食价格，一是政府制定的统购牌价；二是超购价格，即比统购牌价高 50% 的价格；三是按市场价格收购的议价。由于收购价格的提高，农民的种粮增产积极性空前提高。到 1982 年，全国农产品收购价格总水平比 1978 年提高了 41.6%，明显高于同期农村工业品零售价格只上升 3.6% 的幅度，初步缓和了长期以来工农业产品差价过大、价格严重背离价值的状况，增强了农业的自身发展能力，同时也为下一步更为艰险的价格闯关打下了基础。

2. 价格“双轨制”与“物价闯关”对社会的冲击

计划经济是靠行政力量配置资源，市场经济是靠市场力量配置资源，市场的主要力量则是价格。在一个已经实行了 20 多年计划经济的人口大国，要一下子放开价格，从政府的制度安排到人们的心理承受都还远没有做好充分准备，其实在很大程度上也不知道如何才能做好准备，可见从计划经济向市场经济转轨的改革谈何容易。要知道，火车变不好轨，是要翻车的。这有前车可鉴：1948年，联邦德国放开物价，一个月之内食品价格涨了两倍，出现了大规模的群众示威。1980年，波兰放开食品价格，价格上涨，造成格但斯克工人大罢工，盖莱克被迫下台，团结工会崛起；10年后，波兰的共产党失去了政权。这对没有市场经济管理经验的中国执政者们而言，确实是一场异常严峻的考验。

从当时的大环境看，1984年，中国共产党的十二届三中全会将“有计划的商品经济”定为经济体制改革的目标。在实行经济管制时期，由于信息不对称，在短缺型的供求关系中实际上隐藏着大量的潜在通货膨胀因素。要从原来仅仅是理顺价格关系调整到建立一套新的价格形成机制，用市场定价机制取代行政定价机制，从管制价格过渡到自由价格，充满了物价暴涨的风险。而一旦出现物价飞涨，对人民生活和社会稳定必将造成巨大冲击。因此，改革必须稳妥，步子不能迈得太快、太大。

于是，中国人采取了一个过渡的办法，即先放开一部分对人民生活影响小的产品的价格。而对人民生活影响大的产品，则保留一部分数量的计划价格，以保障大多数普通群众的基本需求；放开其他部分数量的价格，以满足部分有支付能力的人群更高的消费需求。同一商品，两种价格，这就是人们所说的价格“双轨制”。放开的那一部分就是市场价格。有了市场价格这一轨，就打破了指令性计划一统天下的僵死局面，使经济生活出现了生机。上面说到，从1979年到1984年，中国农民面对三个粮食价格，从1985年开始，国家不再向农民下达农产品统购派购任务，而是实行合同定购和市场收购，即在定购以外的粮食可以自由上市。如果市场粮价低于原来的统购价格，国家仍按照统购价格收购，以保护农民利益。当然，在供不应求的情况下，市场价格自然会明显高于政府价格，这对调动农民的生产积极性无疑具有巨大好处。

而“双轨”实际又是“双规”，同一商品在同一时间、同一地方有着两种不同的贸易规则。如果马路上有两种交通规则同时起作用，一定会出现混乱。尽管布鲁斯说过“双轨制是平稳过渡的桥梁”，斯蒂格利茨说过，中国实行的双轨价格是由统制价格转向市场价格的“天才的解决办法”。但是，双轨价格的确曾在一定程度上带来了经济秩序的混乱。在双轨价格下，作为生产厂家，总会千方百计地少生产价格较低的计划内产品，多生产价格较高的计划外产品，还要想尽办法把计划内产品拿到市场上卖高价，因此，一些计划范围内的合同往往就难以完成；作为用户，就千方百计地多买计划内的商品，少买计划外商品，还会套购计划内的商品将其按计划外商品倒卖。于是，当时社会上出现了一个特有的名词“倒爷”，他们通过各种手段把计划内的东西倒腾到市场上去卖，以赚取差额利润。在农业中表现最为明显的，就是出现了“平转议”和“议转平”现象，即将平价收购的粮食转为议价销售，或是将议价收购的粮食进行平价销售，以违规赚取差价或套取政府的财政补贴。对这种灰色交易和腐败行为，群众深恶痛绝，也使得国家的价格补贴压力越来越大，最终导致不可承受。

1988 年，中国的最高领导层对价格改革下了最大决心，要进行“物价闯关”。4 月 5 日，国务院发出通知，猪肉、鲜蛋、食糖、大路菜 4 种副食品的价格补贴由暗补改为明补。给居民以一定数额的副食价格补贴后，把价格完全放开。结果，猪肉价格上涨了 50%—60%，鲜菜价格上涨了 31.7%。在这一年，国家又对农产品收购价格做了调整，提高了粮食合同定购的价格，棉花收购价格也有较大幅度上调。与此同时，其他商品价格也出现了迅猛上涨，如煤、原油、电都有较大幅度的提高。从社会反映看，物价上涨势头已经给群众造成了心理预期，从经济本身看，潜在的通货膨胀压力已经很大，抢购的狂潮一触即发。

8月19日，各地出现了触目惊心的抢购。从卫生纸到电池，从服装到鞋帽，从彩电到冰箱，抢购者见什么抢什么。着了慌的居民们恨不得将所有的纸币都换成看得见、摸得着的物品，恨不得将几代人所需要的东西都买齐。武汉有人买了200公斤食盐，南京一市民一下子买了500盒火柴，广州一女士扛回了10箱洗衣粉。混乱的秩序使得商店不敢敞开大门，只能在门缝里一手交钱一手交货，门缝外是长长的队伍。有的地方还出现了小的骚乱。

在这种情况下，政府部门马上采取了应急举措，向群众解释物价闯关不是马上完成，而是5年或更长的时间；下半年将不再出台调价的决定，加强物价管理；开办保值储蓄，使3年以上的存款利息不低于以至略高于物价上涨幅度；坚决压缩基本建设规模，控制货币发行；做好粮、棉、油的收购工作，保证市场供应；整顿市场秩序。这些措施一一落实后，抢购风潮才终于平息。自此，中国农产品价格体系的改革向前推进了一大步。

3. 农产品统购派购从范围缩小到彻底取消

随着农产品供给的日渐充裕，国家决定逐步缩小农产品指令性计划收购的范围，扩大市场的调节比重。在改革初期，因为看不太清楚放开价格的后果，较为稳妥的办法是从不太敏感的产品开始，既能当作试验，又对大局不会造成太大影响。因此，农产品价格的放开，是从放开水产品、水果以及蔬菜开始的。1979年着手缩小水产品统派购范围，将1978年以前除自留外全部纳入派购改为1979年的只派购60%的剩余产品。1981年海水鱼派购品种减少到了21种，1983年放开全部淡水鱼价格。在随后的1984年中央一号文件中提出，要减少统购派购的品种范围，而且提出对农民完成统购派购任务后的产品和非统购派购的产品允许多渠道经营。收购统派购任务以外的农副产品，购销价格可升可降，这样市场就被初步激活了。到1984年底，国家统购、派购的农产品由过去最多时的180多种减到38种，减掉其中的24种中药材，也就仅有14种农产品仍实行统派购，统派购品种的范围大大缩小了。与此同时，长期存在的农产品封闭式的流通体制发生了很大变化，多渠道、少环节、开放式的流通体制初步形成。在农民出售的农副产品总额中，国家按计划统派购的比重从1978年的84.7%下降到1984年的39.4%，国营农产品的市场份额也从82%下降到73%。价格的放开，使农产品的真实价格得到了体现，促使农产品的供给大幅增加。价格放开最早的水产品零售价格年上涨幅度一直维持在10%—30%，肉禽蛋价格1987年至1989年上涨幅度均超过10%。

中国农村在家庭联产承包责任制、农产品统派购制度改革的推动下，农业生产发展很快，主要农产品供应紧缺的状况有了很大改善，这就为进一步改革农村经济体制提供了物质基础。1985年是个值得纪念的年份，这一年的1月，国家向全国发布了《关于进一步活跃农村经济的十项政策》，全面改革农产品统购派购制度，提出从当年起，除个别品种外，国家不再向农民下达农产品统购、派购任务，按照不同情况，分别实行合同定购和市场收购。至此，除少数商品外，长达30余年的农产品统购派购制度宣告取消，中国农村也开始从自给半自给经济向市场经济转化。

在这个大背景下，粮食取消统购以后，改为合同定购，主要是由商业部门在播种前与农民协商确定定购合同。定购的粮食，国家统一按照“倒三七”比例计价，即三成按照原统购价，七成按照原超购价。定购以外的粮食，农民可以自由上市销售，如果市场粮价低于原统购价，国家仍按照原统购价收购，保护农民生产积极性。1989年与1985年相比，籼稻、小麦和玉米的合同定购价格分别提高了43.4%、

14.2% 和 21.8%，而同期的市场价格分别上涨了 1.56 倍、1.44 倍和 1.2 倍。棉花也采取了类似粮食的合同定购办法。1985 年 5 月中旬，除京津沪等大城市各自保留对个别大宗蔬菜品种的政府定价外，其他菜全部放开价格。1985 年至 1987 年，价格改革的推进基本上是顺利的。1985 年与 1984 年相比，各种农副食品供应有了大幅提高，猪肉增长 8%、蔬菜增长 12.7%、鲜蛋增长 20%、水产品增长 8%、家禽增长 19%，基本满足了市场需求。同时在品种和质量上也有很大提高，例如据 1985 年 9 月的统计，中国 35 个大城市上市蔬菜品种由上年同期的 20 多种增加到 40 多种，可食率由上年的 50% 提高到 80%，这种农业生产的进步和人民生活的改善，对普通老百姓而言，可以说也是始料未及的。

1988 年上半年进一步放开了肉、蛋、大路菜、糖等副食品的价格，相应地给城镇居民一定数额的副食价格补贴，亦比较顺利。虽然这几年物价指数比改革前高，如 1985—1987 年的零售物价指数分别上升了 8.8%、6.0% 和 7.3%, 对此，群众有怨言，抢购也时有发生，但未出现大的风波 , 为向市场经济过渡创造了条件。

1991 年，国家要求在保证定购任务的前提下，对粮食实行长年放开经营的政策。当年 5 月开始，对城镇居民定量供应的粮食零售价格，一次提高了 68%，对定量内的食用植物油一次提价 170%。1992 年 4 月，又一次提高对居民的粮食销售价格，两次提价使居民口粮的零售价格提高了 120% 以上，购销价格倒挂的程度明显减轻。与此同时，国家对城镇职工的工资进行了第二次大的改革，较大幅度地提高了城镇居民的收入。到 1993 年底，全国宣布放开粮价的县（市）已超过总数的 98%。也是在这一年，中国在全国范围内取消了实行了 40 年的口粮定量办法，价格随行就市。作为计划经济的标志物，“粮票”也退出了中国的历史舞台。至此，中国农产品由计划经济体制向市场经济体制转轨的历史性任务已基本完成，虽然在后来又出现了一定程度的反复，但大方向已经不可逆转。

第三节　农村多种所有制经济蓬勃发展

普遍实行以家庭承包经营为基础、统分结合的双层经营体制，是农村改革取得的最早也是最重要的制度性成果。这一制度的建立不仅充分激发了农民的内在生产积极性，释放了农业领域的生产力，而且确立了农户作为一个自主配置物化生产要素的市场主体的地位，归还了农民自己安排劳动时间的权利，赋予了他们在广阔市场驰骋的自由。正是由于农民身上已经解除了过去的那些束缚，农村经济才因此迅速活跃了起来，创造出一个又一个奇迹。

1. 以家庭经营为母体，专业化和产业化经营组织成为农业发展的“领头羊”

家庭是农业的基本经营主体，这是自然再生产与经济再生产相互交织的农业自身规律使然。实行家庭联产承包责任制使得农业的劳动过程与劳动成果直接紧密挂钩，解决了集体统一经营“吃大锅饭”时期的“出工不出力”的问题，但细小的经营规模使得农业的生产效率和农民收益受到限制。如何克服经营规模不足的缺陷，是中国农业始终面临的关键问题。家庭承包经营制度确立以后，就为解决这个问题提供了条件。

随着农户家庭独立经营地位的确立，农村中一批有技术专长和一定经营管理能力的农户在有了一定积累以后，开始通过租赁土地扩大生产规模或兼营其他行业。在当时物资比较紧缺的情况下，他们的产品只要能够生产出来，销路一般都不成问题，价钱也还不错。尝到了甜头以后，他们开始扩大生产规模，并成了所谓的专业户。这些专业户的生产行为与普通农户已经有了很大的不同，他们的经营以效益为中心，以市场为导向，以专业技术为支撑，很快就首先富裕了起来。在20世纪80年代中期，出现了一批令人非常羡慕的“万元户”，而当时的农民人均年纯收入不过400元左右。中国农民具有很强的致富愿望，一个专业户成功以后，往往会带动发展一大批专业户。

这些专业户固然头脑灵活，也辛勤努力，小日子也过得很不错，但他们毕竟只是大市场中的一叶孤舟，应对市场风险的能力和追逐更大收益的能力远远不足，于是他们便有了联合起来集体行动的念头。1984年的中央一号文件就提出，农民可不受地区限制，自愿参加或组成不同形式、不同规模的各种专业合作经济组织。在20世纪80年代末至90年代初期，农村中的专业协会、专业合作社等组织形式开始发展起来。

1991年，《国务院关于加强农业社会化服务体系建设的通知》提出，要积极支持或扶持农业专业技术协会、专业合作社和农户自办、联办的各种服务组织等。1994年，国家明确在陕西、山西开展借鉴日本农协经验的试点，安徽被确定为开展农民专业协会示范章程的试点省，在黑龙江、四川等省开展了农民专业协会或农民合作组织的试点。为适应这一情况，国家出台了一些优惠政策。1994年，财政和税收部门发出的关于企业所得税优惠政策的通知中明确，对农民专业协会和合作社免征所得税。1997年，财政部门明确，对合作社免征销售农产品的增值税。这些组织发展起来以后，能够在开拓市场、交易谈判、生产资料供应、技术指导、筹措资金等方面给予入社农户提供有效的服务，能够解决大量单个农户解决不了、解决起来不经济的问题。从2002年开始，农业部在全国选择了100个专业合作组织、6个地市以及浙江全省开展农民专业合作社试点。据农业部2003年的估计，全国的农民专业合作经济组织有14万个左右。就行业分布而言，种植业占63.1%，养殖业占14.4%，加工业占2.4%，运输业占3.7%，其他占16.4%。成为专业合作经济组织成员的农户有4000万左右，平均每个有286户。但各地的发展很不平衡，其中山东、湖南和江苏的专业合作经济组织最多，分别为15395个、10438个、5167个。在合作社发展较为规范的浙江省，2003年就已经有25万户农户加入了合作社，占全省总农户的2.3%①。

农业是一个延展性极强的产业，后续产业的利润空间极大。在专业化生产发展到一定程度以后，农民自然希望能从加工和销售环节中分享更多产业利润。1983年的中央一号文件就指出，只有走农工商综合经营的道路，才能保持农业生态的良性循环和提高经济效益，才能建立多部门的经济结构，才能使农民生活富裕起来。但一方面，农户对市场不够熟悉，农业生产多了砍、少了赶、一哄而上、一哄而下、大贵大贱、大起大落的情况多次反复出现，损失也很大。而且由于资金积累毕竟较少，缺乏加工设备，技术水平不高，仅靠自身实力农民很难发展规模化加工和流通。另一方面，公司在这些方面有着明显优势，又很难到田间地头直接开展农产品生产。在这样的情况下，一些地方就开始了发展农工商联合公司的探索，一批以为农户提供系列化服务为纽带，将生产、加工、销售紧密结合起来，把农户生产与国外市场连接起来的组织形式就发展起来了。最初，这种经营形式有过不同的名称，如“农工商综合经营”“农工商一体化经营”“贸工农一体化经营”等。后来有了一个比较统一的名称，就是“农业产业化经营”，在这个体系中为农户提供服务、带动农民进入市场的企业叫“农业龙头企业”。

① 参见张晓山《促进以农产品生产专业户为主题的合作社的发展——以浙江省农民专业合作社的发展为例》(《中国农村经济》，2004年第11期，第8页)。

山东省的潍坊市在这一方面进行了比较早的探索，其中诸城市的贸工农一体化、寿光市的农产品市场带动型农业、寒亭区的“一乡一业，一村一品”和高密市的区域种养等都有着各自的特点，他们在总结了日本农协、法国农业联合体、美国垂直一体化农业公司等经验的基础上，1992 年提出了发展“农业产业化经营”的战略。其基本内涵是：以市场为导向，以效益为中心，以科技为支撑，围绕主导产业，优化组合各种生产要素，对农业和农村经济实行区域化布局、专业化生产、一体化经营、社会化服务、企业化管理，形成市场牵龙头、龙头带基地、基地连农户，集种养加、产供销、内外贸、农科教于一体的农业经济管理体制和运行机制。直至今天，这一地区的农业发展仍处于全国的领先水平，具有极强的示范效应。

中央在指导农业农村工作的文件中，就加强对农业产业化经营的支持、引导龙头企业与农户互利互惠、促进农业产业化健康发展提出了一系列的要求。2000 年，国家专门发出关于扶持农业产业化经营重点龙头企业的文件，对贷款、财政、税收、出口、进口设备、融资等方面的措施提出了明确要求。到 2000 年底，全国各类农业产业化经营组织已发展到 6.6 万个，其中龙头企业带动型 2.7 万多个、中介组织带动型 2.2 万多个、专业市场带动型 7600 个、经纪人和专业大户带动型 9600 个。发展农业产业化经营，关键是培育带动力强、增值能力强、市场开拓能力强并与农民结成利益共同体的龙头企业。在 20 世纪 90 年代，农业产业化龙头企业的发展速度相当快。2000 年，各类龙头企业固定资产总值达 3000 多亿元，销售收入 5900 亿元，利税总额 709 亿元。

2. 以家庭经营剩余为基础，农村流通体系迅速发展

在中国历史上的村庄社会，集贸市场一般与若干个村庄相对应。

在清代末期，集市的辐射半径，平原地区一般为3—5公里，山区则为5—7公里，也就是说小农往返集市一般可在半日之内完成。当时15个省的集市已经超过3万个，一般每旬开市2—3次最为普遍。[①]在计划经济体制下，随着农产品统购统销体制的建立与运行，这些集贸市场就没有那么活跃了，有的已经衰退。到1961年时，中国还有农村集市4万多个，而到1976年底则只有2.92万个了。在人民公社体制时期，供销合作社体系在农村商品流通中居于垄断地位，农业生产资料和农民日常生活用品的供应主要通过这个体系进行，因此在供销社和粮食局就业是特别让人羡慕的。改革开放以后，农业农村发展活力迅速增强，农产品及其他产品供应迅速增多。除了交给国家、留给集体、自家消费之外，剩余产品明显增加。这样，农民就需要将剩余的农产品销售出去。与之同时，国家的统购统销范围不断缩小，农产品自主流通和农村市场体系得到迅速发展。

一是农产品市场体系不断健全。1978—1987年，农村的集市数量从3.33万个增加到6.97万个，集市贸易成交额从125亿元增加到810.8亿元。到1994年，农村市场交易额达到4412.5亿元。此后，农村集市的数量不再明显增加，但交易额仍然快速增长，1998年增加到8793亿元。

传统的农村集市交易固然方便，但交易小而散，迫切需要更高层次的市场发展起来。专业批发市场的发展，给农村市场带来新的活力，到1986年时全国已有农产品批发市场892个。进入20世纪90年代中后期，批发市场的发展明显加快。1995—2000年，农产品批发市场从3190个增加到4532个。按现价计算，1986—2000年平均每个批发市场的年成交额从317.8万元增加到7394.0万元，平均每年递增23.4%。

---

① 参见许檀《明清时期集市的发展》(《中国经济史研究》，1997年第2期，第21—24页)。

1990年10月12日，商业部和河南省政府联合兴办的中国郑州粮食批发市场（后于1993年更名为郑州商品交易所）正式成立，这是中国第一个以期货为目标的商品交易市场。1993年5月，郑州商品交易所实行了大豆、绿豆、玉米和芝麻等商品的标准化合约。上海粮油交易所推出了小麦、大豆、菜籽油等农产品期货交易。此后，其他交易所也陆续推出了一些农产品的期货合约。尽管中国当时在期货市场运行方面的经验不足，但其价格发现和套期保值方面的作用日益得到发挥。

到世纪之交时，中国已经初步建立了期货市场、批发市场和零售市场相互支撑，以原产品和初加工产品为主要交易对象，以农民经纪人、运销商贩、中介组织、加工企业为主体，以产品集散、现货交易为基本流通模式，能够基本覆盖城乡和连接产销区的农产品市场体系。

二是市场活力不断增强。随着中国市场化改革的日益深入，农村市场运行的体制机制发生了深刻变化，市场主体结构由过去计划经济体制下国合商业机构一统天下逐步向多元化格局转变。

首先，农民个体运销户、经纪人日趋活跃，到世纪之交时已经达到500万人。他们熟悉农业生产活动，了解农产品特质，有着稳定的联系网络，购销方式灵活，经营方式机动，既解决了小农户面对市场时的困惑与不便，又弥补了大企业、大市场与小农户之间的农产品交易中存在的缺陷，在帮助农民解决“卖难”问题和助农增收方面发挥了重要作用。

其次，农民合作经济组织、农业产业化龙头企业的重要性日益显现。从事农产品流通经营的专业合作经济组织与农业产业化龙头企业为联结农产品产地和销地市场发挥了积极作用，降低了从农产品到商品的“惊险的一跃”中的风险。据农业部统计，2004年，全国农民专业合作组织为成员和周边的农民代销农产品总量达2亿多吨，全年经营服务盈余187亿元，其中将19%的盈余近36亿元返还给成员，将26%的盈余近50亿元用于股金分红，平均每个成员获得盈余返还和股金分红收入364元。

三是体制改革得到深化。在计划经济向市场经济转轨的过程中，传统的国营与供销合作社商业组织在农产品市场中的重要程度确实有所下降，大量网点经营不善，亏损严重。但其在购销网络、筹资、人力资源等方面的优势，在理顺体制机制后仍可以得到发挥。为此，2002—2003年国家就粮食流通体制改革、国有粮食购销企业改革和发展多次发出文件。截至2003年3月底，全国国有粮食购销企业数量为24561个，比1998年底减少17%。其中已改制的国有粮食企业数为4261个，占企业总数的17.3%。供销社系统也加快了改革、改造、改制步伐，积极拓展发展空间。到2002年末，供销社系统共有5.4万个法人企业，其中改制企业2.35万个，改制面达43%。全系统有1/5的基层社完成了改造，1/3的职工置换了身份。2004年底，全系统共有基层社22537个，比1999年调减25.6%。

3. 以家庭经营积累为基础，乡镇企业异军突起

1987年6月12日，邓小平在会见外宾时说，“农村改革中，我们完全没有预料到的最大的收获，就是乡镇企业发展起来了，突然冒出搞多种行业，搞商品经济，搞各种小型企业，异军突起”[①]。事实上，这不是他第一次对乡镇企业高度评价，1983年初在江苏、浙江、上海考察后，他就认为乡镇企业安置了大量农村剩余劳动力，农民可以就地就业，也增加了收入，农村面貌也得到巨大改变，乡镇企业还支援了农业。尽管邓小平说这不是中央的功绩，但正是由于中央给了乡镇企

① 见邓小平《改革的步子要加快》(《邓小平文选》第3卷，人民出版社1993年版，第238页)。

业足够的自由发展空间，这支“异军”才能写就中国乡村乃至经济发展史上的一段传奇。

事实上，乡镇企业早就有之。1958年《关于人民公社若干问题的决议》中明确提出人民公社必须大办工业后，各地纷纷利用土钢铁、土机床、土原料、土设备、土办法，举办各种工厂，“公社工业”成了个专用称谓。实行“三级所有、队为基础”的管理体制以后，公社工业转变为社队工业，加上社队办的种植、养殖场等企业，就形成了“社队企业”的称谓。“大跃进”后在对国民经济进行调整的过程中，中央要求农村人民公社和生产大队压缩战线，社队企业滑入低谷。1965年中央发出《关于大力发展农村副业生产的指示》后，社队企业很快又发展起来。1977年，原农林部专门成立人民公社企业局，农村手工业企业划归人民公社领导管理，社队企业的发展就名正言顺了。

在撤销人民公社建立乡镇政府的情况下，中央在1984年发出的《关于开创社队企业新局面的报告》中，将农村的“社队企业”更名为“乡镇企业”。社队企业本来是集体经济的一种组织形式，但随着市场调节范围的扩大，农村各类经济主体越来越活跃。出于归口管理的需要，乡镇区域内的集体企业、合作企业和个体企业都被纳入乡镇企业范围。1996年颁布的《中华人民共和国乡镇企业法》（以下简称《乡镇企业法》）的第二条规定：“本法所称乡镇企业，是指农村集体经济组织或者农民投资为主，在乡镇（包括所辖村）举办的承担支援农业义务的各类企业。”这样，乡镇区域内的农村集体企业、个体企业、私有企业、股份合作制企业、有限责任公司、股份有限公司、联营企业等就都被纳入了乡镇企业的范围。

1978年，社队两级共有企业152.43万个，安置农业转移劳动力2826.56万人，产值达到491亿元，相当于当年农业总产值的37%左右。1979年7月，国务院颁发《关于发展社队企业若干问题的规定》，首次以法规的形式肯定了社队企业的地位。1981 年国务院下发的《关于社队企业贯彻国民经济调整方针的若干规定》进一步明确提出：社队企业已成为农村经济的重要组成部分，符合农村经济综合发展的方向，并要求继续予以支持。国家对乡镇企业的支持，主要是针对集体企业（即原来的社队企业）的。而对于其他类型的乡镇企业，则主要以放松发展限制为主。1985 年的中央一号文件对乡镇企业实行信贷、税收优惠进行了明确规定："对饲料工业、食品工业、小能源工业的投资和其他乡镇企业的技术改造费，在贷款数额和利率上给予优惠。按税法规定，对新办乡镇企业定期免征所得税，期满后仍有困难的，可以继续定期减免。乡镇企业用于补助社会性开支的费用，可按利润的 10% 在税前列支。"1983—1986 年，农村集体企业单位数、从业人员和总产值分别从 134.64 万个、3234.64 万人、1019.31 亿元增加到 156.90 万个、4152.10 万人和 2605.49 亿元，3 年间增幅分别达到 28.32%、40.40%、155.61%。尤其是生产能力，扩展的速度非常快。到 1987 年，即在乡镇企业发展的第一个"黄金时期"，乡镇企业中二、三产业产值合计增加到 4854 亿元，这相当于农业总产值的 104%，首次超过了农业总产值。

自 1986 年以后，由于自身产权不清、治理结构不完善、政府干预过度、宏观经济紧缩等原因，农村集体企业的发展出现了分化。一部分企业通过加强管理，提高市场竞争力，生产能力得到快速提高；一部分企业的管理和技术水平明显偏低，被市场淘汰。1986—1991 年，集体企业单位数从 172.77 万个减少到 144.23 万个，但整体素质有所提高。从 1991 年开始，农村集体企业的生产能力迅速提高。1997 年，集体企业增加值和总产值分别为 1.0 万亿元和 4.38 万亿元，分别比 1991 年增加了 3.98 倍、4.46 倍。但集体企业的分化在继续，随着市场竞争的加剧以及寻求更为适应竞争的组织形式，不少集体企业出现亏损被迫关闭，同时实行“改制”的企业也开始多了起来，从而使得企业单位数和从业人员数出现明显波动。1993—1997年，企业单位数从168.52万个减少到129.19万个，减少23.34%。1995—1997年，集体企业从业人员数从6060.34万人减少到5326.52万人，减少了12.11%。吸纳就业人数的减少，是集体企业在发展中进行调整的一个重要标志，也说明农村集体企业的大调整将随之来临。从1997年开始，集体企业面临的局势已经非常严峻，出现明显滑坡的现象。这一期间，大量企业改制成为股份合作制企业、股份制企业，有的通过拍卖方式盘活资产，乡镇企业中集体企业与其他类型的企业呈现出此消彼长的关系。

尽管集体企业发展式微，但乡镇企业总体上仍保持了良好的发展态势。到2013年，乡镇企业的工业总产值已经达到66.6万亿元，从业人员达到了1.67亿人，利润总额也达到了3.9万亿元。第三产业在乡镇企业产值中的比重不断提升，全国乡镇企业三次产业结构达到了1.1∶74.8∶24.1。创办乡镇企业是探索农村工业化、城镇化的有效形式，也是中国农业劳动力转移的一条重要途径。

乡镇企业在艰难曲折的发展过程中，为农业农村经济的发展起到了巨大的支撑和促进作用。一是开创了农民在农村就地就近转移就业增收的新路子。到2013年，乡镇企业从业人员达1.67亿人，占农村劳动力总数的30%，比1978年的9%提高了21个百分点，极大地缓解了中国的就业压力。目前，在农村个体工商业户和私营企业中就业的劳动力数量也在逐年增长，每年增加300万—800万人。到2007年乡镇企业支付职工工资达13700亿元，全国农民人均从乡镇企业中获得工资性收入1420元，比1978年的10.74元增加了130多倍，占农民人均纯收入的34.8%，比1978年的8%上升了26个百分点，大大加快了农民致富奔小康的进程。二是完善了国民经济结构。从产业结构看，乡镇工业以农副产品加工、资源开发、劳动密集型、轻型加工企业为主，城郊乡镇工业相当一部分是为国有大工业加工配套的，与城市重工业、轻工业和流通业形成了互为市场、相互依存、相互补充的关系，共同构成了完整的国民经济体系。乡镇企业主要是中小企业，与国有大中型企业一起形成了中国大中小结合的较为合理的工业企业结构。2010 年乡镇工业增加值达 7.77 万亿元，占全国工业增加值的 48.6%，而在 1978 年这一比重只有 9.95%。随着乡镇企业的迅速崛起，国民经济结构已由改革前的城市搞工业、农村搞农业的二元结构转变为城市工业、农村工业、农村农业相结合的新型经济结构。三是支持了农业的发展。通过实行种养加一体化、产供销一条龙，大力发展农副产品加工业和储藏、保鲜、运销业，乡镇企业与农业形成了协调发展、互为促进的关系。1978—2007 年的 30 年间，乡镇企业用于支农、补农、建农的资金达 4012 亿元，显著改善了农业生产条件，提高了农业技术装备的水平。

第四节　农村劳动力向人力资本的转变

1. 户籍制度——限制人口流动的管理制度

要讲清楚中国的农村劳动力转移问题，就要先说说决定这个问题的大背景——城乡二元结构。中国城乡二元结构的形成，有其历史发展阶段的必然性。在百废待兴的建国伊始，在发展基础极度薄弱、西方国家对中国实行封锁的夹缝中，中国政府需要同时解决吃饱穿暖、快速建立基础工业体系等多重历史难题。实行城乡二元结构体制，建立城乡间不同的户籍制度和资源配置制度，确保农民全力发展农业生产并为工业发展提供积累，是当时迫不得已的选择。

在建国初期，农村人口是可以自由向城市转移的，那时城市也没有多少人口。如果现在随便问问在城市中生活的某个人，他的爷爷辈是农村人还是城市人，估计绝大多数都会笑着说“当然是从农村出来的，而且还三代贫农呢”。1949 年，全国的城市人口才 5765 万，人口城市化率才 10.6%。在三年国民经济恢复后，中国开始实行“一五”计划，带动了全国工业建设快速发展，又有大量农村劳动力转移到城市。这一阶段中国对人口迁徙管理并无多大限制，只要办理相应手续，居民户口可自由迁移。1957 年，城市人口增加到 9949 万人，比 1949 年增长 72.6%。

但问题来了，首先是粮食开始不够吃了，国家解决不了这么多城市人口的吃饭问题。二是城里没有那么多就业机会，而城镇劳动适龄人口又呈增长的势头。因此，从 20 世纪 50 年代末开始，政府将“自由迁移”的人口政策调整为控制城市人口规模的政策，城市企业从农村招工开始受到严格限制，标志就是 1958 年 1 月通过的《中华人民共和国户口登记条例》，“城镇居民户口”和“农村户口”之间的森严壁垒开始形成。1963 年，以是否拥有计划供应商品粮为依据，又把户口划分为“非农业户口”和“农业户口”。在严格的城市户口管理和粮食计划供应制度的共同作用下，农民不能自由流入城市。任何自发流入城市的农民都被认为是非法的“盲流”（即流浪人口），严格地实行收容和遣返。这种政策一直延续到 20 世纪 80 年代。1981 年还专门发文，要求各部门严格控制农村劳动力进城务工。虽然 1984 年政策开始松动，但主体政策仍然是让农民“离土不离乡”，“避免农民涌进城市”。

城乡不同的户籍制度就意味着对公共资源实行不同的配置制度。由于当时中国国家财力不够充裕，还不能为全体中国人民提供公共服务。在改革开放前，政府主要只能向城镇人口提供教育、养老、医疗、失业、救济等公共服务，建设城市公共设施，而对农村公共服务和基础设施建设的投入，则相当有限。这样就使得两种身份的差异逐步演变成了两种生活待遇的差异，也成为当时中国农民想尽一切办法走出乡村、奔向城市的动力。迄今为止，虽然对人口和劳动力在城乡之间的流动、就业和定居已没多少限制，但城乡分治的户籍制度还没有完全改变。

2. 从“离土不离乡”到“离土又离乡”——民工潮的形成

2016年的春节，英国BBC广播电台播出了一部纪录片《中国新年：全球最大庆典》，其中第一集叫作《迁徙》，讲的是中国人过春节，都要从四面八方、全球各地、千山万水地赶回家，和家人一起过一个团圆节。在中国，春节阖家团聚已经成为一种全民族的信仰。每年农历新年前后，浩浩荡荡的农民工大潮南下北上，东去西往，铁路、公路车流如水，交织成一股逾月不退的“春运潮”，构成了全球最大人口流动的宏大画面。而这一画面中的最大主角，就是奔波在城乡之间的农民工。

当以大包干为主的家庭承包经营为基础的农业基本经营体制燎原中国以后，农村生产力极大地得到了解放，广大农民也由从事农业的单一经营向多种经营转变，多种经济成分都在蓬勃发展。中国的乡镇企业成长起来，一个非常重要的原因就是当时的农民进不了城，于是只能把工厂办在乡下。也只有这样，才能使农村劳动力进入工厂就业。1984年，中国确立了乡镇企业在国民经济中的重要地位，并在政策、资金、税收等方面给予大力支持，乡镇企业发展进入全新的历史时期，农村剩余劳动力转移也进入“黄金时期”。“离土不离乡”是改革初期农村劳动力的主要转移方式。1984—1988年，农村剩余劳动力主要流向当地的乡镇企业，从业人员达到9545万人，其中1984、1985两年每年新增就业近2000万人。邓小平说：“一搞改革和开放，一搞承包责任制，经营农业的人就减少了。剩下的人怎么办？十年的经验证明，只要调动基层和农民的积极性，发展多种经营，发展新型的乡镇企业，这个问题就能解决。乡镇企业容纳了百分之五十的农村剩余劳动力。”①

改革开放以来，商品经济大潮冲击着每一个角落，也强烈震撼着“面朝黄土背朝天”的农民。随着改革的不断推进，城镇经济迅速活跃起来，劳动力需求迅速增加。当时农村的剩余劳动力几乎是用之不尽，农民大规模进城务工具有客观必然性。1984 年的中央一号文件，就开始允许务工、经商、办服务业的农民自带口粮到集镇落户，维持多年的限制人口流动的政策开始出现松动。1986 年，国家开始允许国有企业招收农村劳动力。

到 1986 年底，全国登记在册的进城农民已达 480 万人，加上未登记入册的估计有 1500 多万人。农民流动的主要目的是打工赚钱。也有青年农民是为了转变身份而寻找出路。最早进城的农民主要是当保姆、干脏活累活的临时工、受雇于个体工商户的雇工以及制作家具、补鞋、补锅等手工匠人，也有往返于城乡之间进行各种商品贩运的小商贩。这些都是城市人不愿意从事的工作。

农民跨地区流动在 20 世纪 80 年代初就已经出现。80 年代后期，中国东南沿海地区经济快速发展，开始有大批农民涌向这些地区的制造业，农民外出打工赚钱的冲动不可阻挡。1989 年出现第一次“民工潮”，全国“流动大军”达 3000 万人。从农历初五起，每天有数以万计甚至高达十几万的外省民工涌向车站、码头。1992 年，邓小平做了南方谈话，紧接着中国共产党的十四大召开，正式确立了在中国建立社会主义市场经济体制的改革目标，改革进入一个新的历史发展阶段。外商投资大举进入，个体私人企业迅速发展，大批国有小企业改制，沿海地区经济发展提速，劳动力需求再次迅速增加，“民工潮”愈来愈猛，“离土又离乡”式的转移越来越普遍。正是这股农民“自己解放自

① 见邓小平《一切从社会主义初级阶段的实际出发》(《邓小平文选》第 3 卷，人民出版社 1993 年版，第 252 页)。

己”的流动浪潮，为中国的经济增长和制度创新提供了持续推动力，而且推动着城乡发展逐步朝着一体化方向发展的社会变迁。外出就业的农村劳动力，1993 年达到 6200 万人，1994 年达到 7000 万人，1997 年突破 1 亿大关。过去人们总说农村是个大海绵，可以吸纳无数农村劳动力，如今在城乡居民收入差距的压力下，海绵中吸纳的水分大量释放，“民工潮”喷涌出来，拍打着城市的门户。

粮食、食用油和其他副食品市场的放开，为数以亿计的农民工长时间留在城市提供了可能。面对持续涌动的“民工潮”，政策倾向开始从单纯劝阻农民流动转向促其有序流动和加强对流动人口的管理。通常情况下，农民工干的都是城市人不愿干的活，限制农民工进城对城镇下岗职工的再就业没有多大帮助，相反城市人的生活已经离不开农民工提供的服务。进入 21 世纪以后，农民工流动的高潮再起。每年以 600 万—800 万人的数量迅速增长。其中进入大中城市的，主要在商业、服务业和建筑业就业，也有开出租车、承包或开办餐馆、做小生意的。而涌向珠江三角洲、长江三角洲、温州、闽南等发达地区的农民工，则主要进入了加工贸易型制造业，约占当地农民工总数的 60%—70%。

实现城乡发展一体化的过程是漫长的，这个过程不仅要让进城农民真正变成市民，还包括统筹城乡协调发展。“民工潮”为解构城乡二元结构提供了持续的压力和推力，促使政策一步一步松动，推动城市政府转变管理方式。城乡一体化的趋势已然出现，而这个过程的完成，将是中国社会实现向现代化转型的一个重要标识。

3. 世界最大的人口红利，在农民工的酸甜苦辣中形成

劳动力部门转移的从低到高能对经济增长提供额外推动力。据世界银行 (1997) 估计，中国在过去 18 年间的劳动力部门转移可以为国内

生产总值贡献16%的增长率。而据国内学者测算，劳动力转移对经济增长的贡献率为20.23%。有人说，中国源源不断的农民工无疑是造成“中国奇迹”的主角之一，也是世界最大的人口红利，这样的评价并不为过。

农民工的巨大浪潮在城市就业体制改革难有突破之时，促成了一个“体制外”的劳动力市场。它使资源配置转向劳动力密集型产业，为中国沿海地区承接国际产业转移创造了条件，促进了诸如玩具、服装、鞋类、皮革制品等劳动密集型加工业的发展和产品大规模出口。中国成为“世界工厂”，农民工功不可没。在城市环卫、家政、保安、餐饮服务以及其他苦、累、脏、险的岗位就业的，也大都是农民工。农民工不仅已成为第一线产业工人的主体，实际上整个城市的生活离开了农民工将难以运转。

正是这源源不断为了改变命运而从农村走向城市的亿万农民工，让中国降低了发展成本，获得了巨大的发展动力，支撑了世界上最大发展中国家的经济高速增长。据国家统计局公布的数字，国有企业职工的年平均收入(工资收入加上各种实物性福利)比农民高出127%，每雇用一个农民工每年创造的剩余积累达7381元，以1999年9546万农民工计，当年农民工创造的剩余积累为7046亿元，相当于当年国内生产总值的9%。从世界经验看，人口流动性大、迁移程度高的国家和地区往往充满经济增长的活力，中国的地区发展也说明了这一点。中国农民工的转移主要是从中西部地区流向东部地区，廉价农民工劳动力是东部地区经济增长强劲的动力源之一。深圳市2005年总人口1200多万，户籍居民只有171万人，外来人口达1029万，其中80%是农民工。深圳64%的税收靠制造业，而在制造业里就业的员工，85%是农民工。

庞大的农民工潮对增加农民收入、改变农村面貌、改变农民的命运同样意义非凡。改革开放以后，有限的土地上富余劳动力越来越多。

一部分希望改变生存状态的农民背起行囊，离开家园走天涯、闯天下。于是，农村一度出现了“送出一人，全家脱贫”的诱人景象，也带动了更多的农民源源不断地走出家乡，最终涌动成潮。农民工跨区流动是劳动力按市场需求的自发调节和平衡，总的看是巨大的历史进步。当然，民工进城，由于文化的碰撞、生存方式的激变，在他们给城镇带去活力的同时，也给城乡的政治、经济、文化、社会带来一系列有待解决的课题。

1990年4月，国务院发出通知，要求对农民进城务工实行有效控制、严格管理，并建立临时务工许可证和就业登记制度，政策手段在于提高农民工在城市的就业门槛，防止大量农村劳动力盲目流入城市。其原因一是由于20世纪80年代初期大批知青返城、干部职工“摘帽”落实政策等因素，城市就业压力空前增大，全国约有2000万人需要重新安置就业；二是1988年底，由于经济过热而不得不进行治理整顿，许多在建项目被叫停，城市的新增就业压力明显增加。

进入90年代以后，城市国有企业改革开始全面启动，下岗失业人员增多，尤其是1997年亚洲金融危机加剧了城市的失业问题。优先解决城市失业问题成为政策的首要目标。为优先解决城市的就业问题，也为防止农村劳动力盲目向城市流动，政府从减轻城市压力、维护社会稳定考虑，各大城市陆续出台政策，通过数量、证件、管理、审批和工种限制等手段提高农民工流入的门槛，并将农民工就业限定在城市职工所不愿从事的脏、累、差等工种以及非正规的就业部门。

暴雨中的农民工兄弟

2012年7月21日，北京暴雨，降雨总量之大历史罕见。全市平均降雨量170毫米，城区平均降雨量215毫米，为新中国成立以来最大一次降雨过程。强降雨一直持续近16个小时。

就在"7·21"暴雨当晚，在京港澳高速受灾最严重的南岗洼路段，100多位民工用30个救生圈、麻绳等简陋工具，救出了170多名危在旦夕的游客，当获救者自发凑钱近万元向他们表示感谢时，他们拒绝了。有网友评论道：他们才是真正的中国脊梁，中国良心！施工队长杜金荣41岁，江苏盐城市盐都区薛舍村人，暴雨当天，杜金荣挨个民工宿舍敲门，组织大家去救援，叫出100多人。随后，一直负责救援的协调工作，比如救援物资支持、被救人员安置等等，44个小时未睡觉。而像他们这样抗战在灾害第一线的农民工兄弟比比皆是。

在灾难中，这些普通的农民工身上展现出了人性的光辉。

至世纪之交，农民工政策具有从计划经济向市场经济过渡的特征，对农民工外出务工经商的政策总体上逐步放宽，但流入地城市的限制政策仍种类繁多。农民就是在这种矛盾和交错的体制环境中不断寻求进城务工的机会，他们还将经历各种酸甜苦辣。

2018年中共中央一号文件，即《中共中央国务院关于实施乡村振兴战略的意见》中强调指出："实施乡村振兴战略，必须破解人才瓶颈制约。要把人力资本开发放在首要位置，畅通智力、技术、管理下乡通道，造就更多乡土人才，聚天下人才而用之。"这为农村劳动力向人才资本转变指出了明确方向。

第四章

新世纪以来强农惠农富农政策体系的建立

消灭城乡差别和实现城乡融合，使全体社会成员得到全面发展，是马克思列宁主义的一贯思想。马克思主义经典作家关于久远未来城乡关系的基本原理和实现路径方面的论述，一直在方向上指导着中国的新民主主义革命、社会主义改造和建设。消除城乡差别、工农差别、脑力劳动和体力劳动之间的差别是马克思主义经典作家关于未来社会发展状态的设想，这自然是社会主义中国要努力的方向。但消除这三大差别，是需要以生产力极大发展、物质财富极大丰富为基础的。因为只有具备了这样的基础，社会才能只有分工的差异，不再有阶级利益矛盾。根据马克思主义经典作家的论述，社会主义社会是在资本主义社会充分发展的基础上建立起来的，但中国显然不具备这样的条件。由于列宁主义认为社会主义可以在帝国主义链条的薄弱环节首先突破，并对如何在这样的条件下开展社会主义建设、处理好工农城乡关系进行了论述，因而其对中国如何开展革命和建设，及处理工农城乡关系的指导更为直接一些。中国是在资本主义并未充分发展、生产力水平极度低下、经济体系并不完备的情况下，进行新民主主义革命、社会主义改造和建设的，这就决定了中国的城乡关系问题具有明显的历史性和阶段性特征。

第一节 “重中之重”思想理论的确立

在新民主主义革命时期，中国共产党领导农民、依靠农民推翻了以封建土地所有制为基础、剥削和压迫农民的国家政权，建立了人民民主专政的新政权，中国农民实现了政治上的翻身，为农民以后过上好日子奠定了根本基础。在社会主义建设过程中，通过发展农业生产、发展农村经济，农民的生产生活条件大为改善。尤其是进入新世纪以后，在经济总体发展水平、国家财力具备了基本条件以后，中国果断启动了以工支农、以城带乡的历史新征程，不断加大强农惠农富农政策力度，农业农村迎来了新的黄金发展期，农民的生活得到迅速改善。

1. 城乡发展失衡——经济社会发展的重大制约

根据费正清 (John King Fairbank) 教授的研究，抗日战争全面爆发前中国经济发展的最好时期是 1931—1936 年，这期间中国国内生产总值也仅有 291.3 亿元（1933 年币值），人均国内生产总值 58.3 元。而 1949 年新中国建立时，重工业、轻工业、农业生产却又比 1936 年分别下降 70%、30%、25%[①]。在产业发展基础薄弱、工人占人口比重很小的情况下，中国实现革命的胜利只能走农村包围城市的道路。要在经济极度贫穷、工业基础极度薄弱、外部支持极为有限的情况下建设现代化，中国只能选择由农业为工业提供积累、农民为城镇居民提供廉价农产品、农村为城市建设做贡献的非均衡发展战略。事实表明，这种

① 参见（美）费正清等《剑桥中华人民共和国史（1949—1965）》，上海人民出版社 1990 年版，第 154—161 页。

战略有其成功之处，中国不仅建成了完整独立的民族工业体系，而且在到世纪之交时已经总体上达到小康发展水平。但因此也产生了农业基础薄弱、农民收入低下、城乡发展失衡的问题，并成为这个国家进一步发展的重大制约。

一是农业不稳定的被动局面必须迅速扭转。中国是一个人多地少、水资源紧缺且分布不均、自然灾害发生十分频繁的国家。农业本就先天不足，在水利、科技、农业机械、资金等方面，提供给农业的条件都非常有限。世纪之交时，全国 8.3 万座水库中处于病险状态的多达 3.7 万多座，全国小型灌区的渠道完好率和渠系建筑物完好率平均不足 50%。由于应对旱灾水灾等自然灾害的能力不足，每年因自灾损失的粮食就超过 700 亿斤。

1996 年以后，种粮效益开始普遍下降。到了 2002 年，水稻的净利润仅为 96.61 元 / 亩，下降到 1993 年以来的最低水平，小麦和玉米也都出现了比较收益下降。2003 年的粮食总产量下降到 43069.5 万吨，比 1998 年减少 15.93%。粮食生产的不稳定让中国政府充分认识到了问题的严重性，出重拳扭转这种局面势在必行。

二是过大的城乡居民收入差距迫切需要缩小。1978—2003 年，农民人均纯收入从 133.6 元提高到 2622.2 元，按可比价格计算增加了 8.81 倍，年均增长 7.37% 左右，总体上保持了持续较快的增长速度。农民收入的增长直接带动了农民生活水平的提高，同期恩格尔系数从 67.7% 下降到 45.6%，下降了 22.1 个百分点①。在人类历史上，让 9 亿多人口持续 25 年得到如此明显的改善，是绝无仅有的现象。

1978 年，城镇居民人均可支配收入、农民人均纯收入分别为 343.4 元、133.6 元，城乡居民收入比值为 2.57 : 1。由于家庭联产承包责任制

① 参见国家统计局《中国统计摘要 2008》，中国统计出版社，第 101 页。

的实行和农产品收购价格的大幅度提高，1983年城乡居民收入比值缩小到1.82∶1。但此后这一比值总体呈现扩大趋势，到2000年扩大到3.23∶1。

三是农村公共事业发展滞后的状态亟待改变。由于城镇的公共设施基本由公共财政负责，广大农村的公共事业反而成为“被遗忘的角落”，城乡间基础设施条件和社会事业发展水平的差距比城乡居民的收入差距更大。

世纪之交中国城乡公共事业的发展差距

经过长期建设，中国城镇的生活用水、交通、燃气、供电等设施已经比较完备，居民生活比较方便。但由于财政长期对农村开展这些设施建设所给予的支持明显不足，农村居民的生活硬件设施条件比城镇居民要差得多。到2003年，全国还有超过3.2亿的农村人口饮水没有达到安全标准，仍然还有近100个乡镇、近4万个建制村（相当于全国数量的6%）不通公路，近1万个乡镇、30万个建制村（相当于全国的45%）不通沥青路或水泥路。而在农村生活燃料中，秸秆、薪柴占绝大多数，有1.5亿左右（约占全国的60%）的农户需要解决生活能源问题。农村电网普遍比较薄弱，全国有2000万农村人口用不上电。这些都是与改善农民生产生活直接相关的实实在在的问题。

2001年，农村初级中学的预算内生均教育经费为656.2元，相当于城镇的80.4%；农村小学的预算内生均教育经费为551.0元，相当于城镇的85.4%。2003年，农村人均卫生总费用为274.7元，仅相当于全国平均水平的53.92%，相当于城市平均水平的24.77%。在社会养老保障方面，由于国家支持的制度没有普遍建立，绝大多数家庭经济困难的农村居民只能依靠土地和子女。2003年，农村养老保险参保人数仅为5428万人，有相当部分老年人在风烛残年之时生活陷入困境。2003年底，全国农村最低生活保障对象仅为396.8万人。城市里那些危险程度较高、又脏又累的工种多数由农民工承担，但他们中参加了工伤保险、失业保险等社会保险的人却并不多。农村文化事业的发展基础也很薄弱，2003年的农村文化事业费仅为30.11亿元，占全国的26.5%。

四是有着巨量人口的农村急需改善生活条件。改革开放以后，由于放松了人口流动的限制，城镇人口的增长速度相当快。1978—2003年，城镇常住人口的数量从17245万人增加到52376万人，增加了2倍多，常住人口城镇化率从17.9%提高到40.5%。到2012年，常住人口的城镇化率首次突破50%。但对于中国而言，即使城镇化率达到70%，农村常住人口仍将在4亿人以上。再加上目前的城镇人口中有2亿多还并未在城镇真正安家落户，他们中的相当一部分最终还是要叶落归根。正因为如此，中国在建设好城镇的同时也必须建设好农村。

2. 条件初步具备——补齐农业农村发展短板的历史机遇

中国全面建成小康社会也好，实现现代化也好，根本目的就是要让包括农民在内的广大人民实现共同富裕。不解决好农业、农村的发展问题，不仅对不起占人口绝大多数的农民，国家的整个现代化进程也会遇到严重挫折甚至难以为继。全面建设小康社会的宏伟目标能否实现，重点和难点也在于广大农村能否达到小康水平。因此，经济发展到一定水平，国家财力增长到一定程度，中国就要回补农业农村发展这块短板。把解决好农业、农村和农民问题作为工作的重中之重，就意味着更多资源和要素要向农业农村倾斜，举全国之力促进“三农”发展，真正从战略上扭转农业农村落后的局面。正是由于这些条件在世纪之交时已经初步具备，中国才有了底气，有了加大解决“三农”

问题的力度。

新世纪以后，中国已经进入工业化中期向后期过渡阶段。2003 年，国内生产总值已经达到 135822.8 亿元，人均国内生产总值为 10542 元，已经超过 1500 美元（按购买力平价计算将会更高）。此后中国经济乘风破浪，即使是在 2008 年国际金融危机来临后，仍然保持了世界上难得的持续、高速增长态势。到 2016 年，中国的人均国内生产总值已经达到 8000 美元，进入中等偏上收入国家的行列。一般而言，当第一产业增加值在国内生产总值中的比重降到 20% 以下时，一个经济体就进入了工业化中期阶段[①]。2003 年，中国的第一产业增加值占国内生产总值的比重已经下降至 12.8%。从就业结构来看，2003 年，第一产业就业人数已经下降至 49.1%，中国进入了主要依靠第二、三产业的发展来吸纳新增劳动力的阶段。这些情况表明，从整体发展水平看，中国已经初步具备了非农产业反哺农业、城市支持农村的条件。

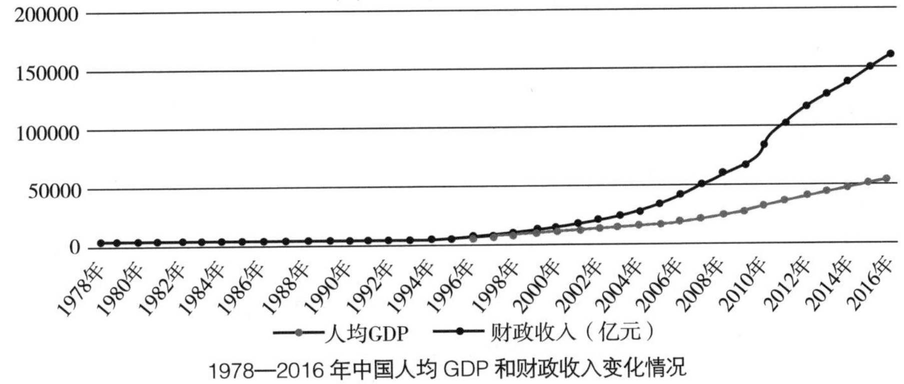

1978—2016 年中国人均 GDP 和财政收入变化情况

2003 年，国家财政收入已经达到 21715.25 亿元，人均财政收入为 1680 元。此后，经济发展水平快速提高，国家财政实力不断充盈，这为党中央、国务院连续出台强农惠农富农政策奠定了坚实的基础。

① Syrquin, M. & H. B. Chenery. Three Decades of Industrialization［J］. The World Bank Economic Reviews, 1989, 3：152—153.

3. 重中之重——中国共产党和政府的庄严承诺

世纪之交，中国开始具备统筹城乡发展的历史条件。2002年，中共十六大的召开标志着中国的工农、城乡关系开始发生重大转变。这次会议明确指出："统筹城乡经济社会发展，建设现代农业，发展农村经济，增加农民收入，是全面建设小康社会的重大任务"[①]，并首次明确要求建立有利于逐步改变城乡二元结构的体制和机制，逐步扭转工农差别和城乡差别扩大的趋势。在2003年1月召开的中央农村工作会议上，时任中共中央总书记胡锦涛向全党全国提出要求，要统筹城乡经济社会发展，充分发挥城市对农村的带动作用和农村对城市的促进作用，实现城乡经济社会一体化发展。要把解决好农业、农村和农民问题作为全党工作的重中之重，放在更加突出的位置。2003年10月召开的中共十六届三中全会提出了科学发展观，并将统筹城乡发展、建立有利于改变城乡二元经济结构的体制作为完善社会主义市场经济体制的一大重要任务，国家发展战略和"三农"政策的取向开始进行重大调整。在2004年9月召开的中共十六届四中全会上，胡锦涛总书记指出，"综观一些工业化国家的发展历程，在工业化初始阶段，农业支持工业，为工业化提供积累，是带有普遍性的趋向；但在工业化发展到相当程度以后，工业反哺农业、城市支持农村，实现工业与农业、城市与农村的协调发展，也是带有普遍性的趋向"，这就是著名的关于"两个趋向"的判断。2004年年底，胡锦涛总书记在中央经济工作会议上进一步明确指出："我国总体上已经进入了以工促农、以城带乡的发展阶段"，这是对新时期中国工业与农业、城市和乡村之间关系的重大判断。有了这个判断和决策，全党对加大解决好三农问题力度的思想

① 见江泽民《全面建设小康社会，开创中国特色社会主义事业新局面》(《江泽民文选》第3卷，人民出版社2006年版，第546页)。

认识就达成了高度的统一。

2007年召开的中国共产党第十七次全国代表大会进一步指出:“建立以工促农、以城带乡长效机制，形成城乡经济社会发展一体化新格局。”在农村改革30年之际，2008年10月召开的中共十七届三中全会着重研究了新形势下农村改革发展的若干重大问题，通过了《中共中央关于推进农村改革发展若干重大问题的决定》。《决定》要求“必须统筹城乡经济社会发展，始终把着力构建新型工农、城乡关系作为加快推进现代化的重大战略”。这个决定的通过，意味着中国政府关于统筹城乡发展的思路和方略已经成熟。在总结十六大以来经验的基础上，2012年11月召开的中国共产党第十八次全国代表大会明确提出:“解决好农业、农村、农民问题是全党工作的重中之重，城乡发展一体化是解决‘三农’问题的根本途径。”

2013年11月召开的中共十八届三中全会的主题是全面深化改革，这次会议对农村改革的基本方向和主要内容进行了全面部署。习近平总书记在会上指出，城乡发展不平衡不协调，是中国经济社会发展存在的突出矛盾，是全面建成小康社会、加快推进社会主义现代化必须解决的重大问题。2013年11月28日，习近平总书记在山东农科院考察工作时情深意重地说，“小康不小康，关键看老乡”，阐明了小康社会的全面建成关键在于富裕农村农民的道理。他在此后召开的中央农村工作会议上还讲到，“中国要强，农业必须强；中国要美，农村必须美；中国要富，农民必须富”，可见农业农村农民的问题在中国发展中所处的重要地位。

进入新世纪，自2004年开始，中共中央每年发出的第一个文件，都以农业农村工作为主题，到2017年已经发出14个。之所以这样部署，就是要向全党、全社会发出高度重视农业农村农民工作、持续加大重农强农力度的强烈信号。近十几年来，中国对“三农”问题的认识不断深化，连续密集出台了一系列重大强农惠农富农政策，农业农村发展迎来了一个新的“黄金期”。与之相应，城乡关系发生了这样几个新的历史性变化：农业与国民经济的关系从以农业支持二、三产业发展为主，开始向二、三产业支持农业发展为主的历史性转变；农民与国家的关系从以限制农民流动，让农民为国家的工业化、城镇化做贡献为主，开始向支持农民在城乡间流动和鼓励农民富裕为主的历史性转变；城乡关系从以农村支持城市为主，开始向城市支持农村发展为主的历史性转变。

第二节　建设中国现代农业的新征程

在资源有限的情况下养活庞大数量的人口，确实是一个超级难题。自 2013 年以来，中国的粮食产量持续稳定在 6 亿吨以上、人均粮食占有量已经稳定保持在 440 公斤以上。近 70 年来，中国在粮食问题上迈过了一道又一道大坎，取得了一个又一个新成就。

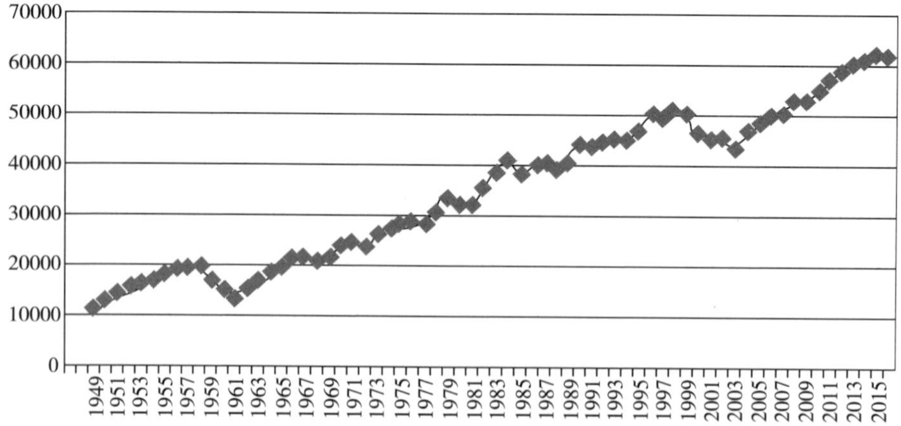

1949—2016 年粮食产量（万吨）

1. 改善农业发展条件，不断提高农业的综合生产能力

中国自身的农业生产条件可以说先天不足。相对于中国的人口而言，中国的优质耕地明显不足。中国是一个多山的国家，在整个国土面积中，山地、高原和丘陵占全国国土面积的69%，盆地占19%，平原占12%。这种地形地貌的格局，决定了中国人均耕地，特别是优质耕地较少。在这种资源背景和既定的技术条件下，传统上只有两个途径提高粮食产量，那就是垦荒和提高复种指数。新中国成立以后，垦荒仍然在增加粮食产量方面发挥了重要作用。1949—1952年，耕地面积就从14.68亿亩增加到16.19亿亩，短短三年就增加了10.25%。此后，开垦荒地的活动也一直在进行。提高复种指数，也是扩大农作物种植面积的重要途径。中国耕地的复种指数从1980年的109.4%提高到了2010年的132.0%，平均每年提高0.75个百分点[①]。

进入新世纪以来，中国对水利建设更为重视。特别是2011年的中央一号文件，专门对加快新时期的水利建设进行了全面部署，要求今后10年内向水利建设投资4万亿元，年均投入要比2010年增加1倍，在继续实施大江大河治理、加强水资源配置工程建设、搞好水土保持和水生态保护等加快水利基础设施建设的同时，突出“三小”（小型农田水利建设、中小河流治理和小型水库除险加固），加快解决农业水利建设中的薄弱环节。截至2015年底，全国已建成各类水库97988座，总库容8581亿立方米，全国农田有效灌溉面积达到9.88亿亩。节水灌溉也得到较快发展，截至2015年底，节水灌溉总面积达到4.66亿亩，年灌溉用水有效利用系数提高到0.53。2014年，中国启动在10年内实施的172项全局性、战略性节水供水重大水利工程，这些工程建

① 参见汪涌，王滨《马苍等基于耕地面积订正的中国复种指数研究》（《中国土地科学》，2008年第12期，第46—52页）。

成后可以增加农田灌溉面积7800多万亩，新增农业节水能力260亿立方米。

中国耕地的总体质量较低。2008年中低产田占32%，中产田占38%，而高产田只占30%。重点选择一部分中低产田改善设施条件，并推动土地的集中连片，在提高地力、提高单产和机械化水平方面就可以取得明显效果。如果1/3的中低产田（约4亿亩）的基础地力能提高一个等级，就可新增粮食生产能力800亿斤左右。为此，近年中国加快了“高标准农田建设”这一工程的建设力度。在“十一五”期间（2006—2010年），中国共建成1.6亿亩高标准基本农田，到了“十二五”时期（2011—2015年），各地累计建成了4亿多亩的高标准农田，国家计划到2020年确保建成8亿亩、力争建成10亿亩高标准农田。为确保粮食生产能力的提高，中国提出了建设“粮食生产功能区”的任务，并要求将永久基本农田划定到具体地块。同时，为确保大宗重要农产品的供给和提高市场竞争能力，中国还提出了建设“重要农产品保护区”和“特色农业优势区”的建设计划。以上三个区域性计划的启动，将使得中国形成新的农业发展格局。

实行家庭承包经营制度以后，允许农民个人或者联户购置农机具，农业机械化投入主体日益体现出多元化的趋势。到1995年，中国农机总动力达到3.61亿千瓦，比1978年增长3倍。其中小型拖拉机保有量为856万台，比1978年增长4.98倍。1996年以后，农村劳动力转移的速度明显加快，农业对农机具的服务需求快速增加。到2003年，农机总动力达到6.04亿千瓦，比1995年增长1.67倍。农用拖拉机保有量达到1476万台。2004年，《中华人民共和国农业机械化促进法》颁布实施，国家还开始对农民购置和更新大型农机具给予一定补贴。2015年，全国有农机企业近万家，中型以上农机企业2000多家，总产值近4300亿元，能够生产3000多种产品。中国已经走出了一条以市场化服务带动农机化水平快速提高的发展道路，全国农业机械总动力 2015 年达 11 亿千瓦，农业主要生产环节的机械化综合水平达到 63%。

2. 构建新型产业组织体系——从土地经营和社会化服务这两条路径扩大经营规模

农业的竞争力，特别是土地密集型农产品的国际竞争力如何，很大程度上取决于农业经营规模的大小。分散的家庭经营生产规模小、生产效率较低、收益较为低下。将农业经营扩大到一定规模，是中国农业面临的基本问题。但中国的农业不仅要承担提供农产品的责任，还要承担维持农民生计和增收的社会责任。目前有约 1.9 亿户农民家庭在经营耕地，如果要达到户均经营百亩左右的耕地规模，那就需要转移出 90% 以上的农户，这显然不是在短时期内就能够实现的。在这样的背景下，中国充分发挥市场机制和政府动员组织能力相结合的优势，着力加强农业生产性服务体系建设，一条颇具中国特色的农业服务规模化发展图景正在显现。

一是加快构建新型农业经营体系。进入新世纪以来，中国的农地经营权流转速度明显加快，为新型农业经营主体的发育和经营规模的扩大提供了条件。截至 2016 年底，全国承包耕地流转面积达到 4.7 亿亩，已经超过承包耕地总面积的 35%。新型经营主体主要有三类：

第一类是农民合作经济组织。截至 2016 年 12 月底，全国依法登记的农民合作社达到 179.4 万家，近 1/4 流转的耕地经营权流向了合作社。截至 2015 年底，全国农业产业化经营组织达 38.6 万个，辐射带动农户 1.26 亿，农户从参与产业化经营中户均增收达 3380 元。同时，租赁农户土地从事农业生产经营的工商企业也在逐渐增加。

第二类是规模化农业经营户。2014 年，经营耕地面积在 30 亩以上的农户数已经达到1032.7万户，经营50亩以上的农户数达到341.3万户，经营100亩以上达到74.8万户。从绝大多数地方的实际情况来看，在土地经营规模相当于当地农民户均承包耕地面积的10倍至15倍时，务农收入可相当于当地从事二、三产业的家庭收入，农民的收入和生活就会比较体面。即使在上海市这样发达地区的郊区，也同样如此。在规模经营户中，经营100—300亩耕地的家庭农场普遍能够获取较高的经济效益。截至2012年底，全国共有家庭农场87.7万个，经营耕地总面积达到1.76亿亩，占全国农户承包耕地面积的13.4%。

第三类是其他类型土地经营主体。近年来，各类农业产业化组织、租赁农地从事农业的工商企业等多种类型经营主体发展较快。这些不同类型的经营主体，对发展农业生产、优化经济结构、促进农民就业、增加农民收入等方面产生了积极影响，但在保护耕地、保障农民权益、改变农村社会结构等方面的影响尚有待观察。对不同类型主体在农业中的发展，国家制定了有差别的相关政策。

二是加快发展农业社会化服务力量。伴随家庭承包制度的普遍推行，“农业社会化服务”应运而生，并经历了一个内涵不断丰富、范围不断扩大的发展过程。在20世纪80年代，国家就将“发展农业社会化服务，促进农村商品生产发展”作为农村第二步改革的突破口。进入90年代后，农业社会化服务组织迅速发展。较有代表性的是，每年夏收季节，农业部门组织30多万台联合收割机实行大面积的“跨区作业”，从最早5月份收获小麦的河南省南阳市开始，一路向北进行机收作业，等到8月底黑龙江的小麦成熟，机收大军正好可以赶到。这种跨区域专业化的机械调度使中国3亿多亩冬小麦的收割基本实现了机械化，既提高了机械的使用效率，又降低了农户的劳动强度、增加了收入，可谓一举多得。

2008年召开的中共十七届三中全会首次提出了“新型农业社会化

服务体系”的概念，并要求加快构建以公共服务机构为依托、合作经济组织为基础、龙头企业为骨干、其他社会力量为补充的新型农业社会化服务体系。这次全会要求“统一经营要向发展农户联合与合作，形成多元化、多层次、多形式经营服务体系的方向转变”，这是对“统一经营”的全新阐述，也是对农村基本经营制度的重大理论突破。新型农业经营体系和农业社会化服务体系，是双层经营体制在新形势下的完善和发展。

在农业实行以家庭承包经营为基础的统分结合的双层经营体制后，中国一直在探索扩大农业经营规模、实现农业现代化的具体途径。由于中国的农户数量达2亿户以上，户均经营规模细小，要想改变这种状况，不仅需要时间，更要创造条件。首先需要城镇化的进展，这才能为减少农民创造条件。但城镇化也只能是渐进的过程，不可能一蹴而就。因此，通过减少农民而扩大农地的经营规模也只能是渐进的过程。在实践的探索中，中国农民还找到了依靠扩大农业的社会化服务规模来实现规模经营的途径。既然农户的数量在短时期内无法大量减少，既然土地的经营权在短时期内难以大面积实现流转、集中和规模经营，那就让发展农业的社会化服务来弥补这一缺憾。每家每户经营的耕地是分散和细小的，但是，农业生产中的许多具体环节，如耕地、播种、除草、施肥、喷药、收割等，可以通过购买专业组织提供的农业机械服务来完成。这样，小规模经营的农户，在自己不必购置农业机械的情况下，就也能享受到先进农业技术装备的效率；而专为农户提供服务的组织，则通过增加服务的对象，扩大了先进技术装备的作业规模，这就使服务者和被服务者都找到了降低自身生产成本、提高生产效率和经济效益的互利共赢之路。在短时期内难以根本改变中国农村人多地少格局的现实条件下，扩大耕地的经营规模与扩大农业社会化服务的规模必须并行不悖、双轮驱动，这是中国国情所决定的，是具有自身鲜明特色的发展农业规模经营的现实之路。

3. 强化科技教育支撑——充分发挥第一生产力的作用

中国的农业科研和教育有其自身的特征，体系较为完备，主要包括农业教育、农业科研和农业技术推广三套相对独立的系统，这在发展中国家并不多见。改革开放以来，中国在改革完善体制机制，促进教育、科研、技术推广与农业发展需求紧密结合，并在实现自身持续发展方面进行了大量探索，取得了明显成效。2012年，中央还专门发出以农业科技创新为主题的中央一号文件，明确界定农业科技“具有显著的公共性、基础性、社会性”，提出“强科技保发展、强生产保供给、强民生保稳定”，标志着农业科技教育事业进入了一个新的发展阶段。

中国从建国开始，由于严重缺乏各类专业型人才，一直将发展专业技术教育作为整个教育重点。农业教育的实施，有高等农业教育、中等农业教育以及各种形式的成人农业教育等不同的层次，为中国的农业发展提供各类人才。目前，正在实施科教兴国战略，推进国家创新体系建设，科技创新成为高等农业教育的一个突破口。随着近年来中国教育改革的突破性进展，农业院校的科研实力迅速增强，不但可以教书授业，而且向研究性大学演进。在县级层面，基本上设立了与当地农业结构相适应的农业中等职业教育，为培养职业化农民奠定了基础。

专业类的农业科研院所是中国农业发展的一支重要支撑力量。目前，国家、省、地市三级政府或所属部门利用财政性资金设立的农业科学技术研究开发机构共1075个，其中国家级机构66个，省级机构570个，地市级机构439个。全国农业科研机构在职人员约9万人，其中国家级1.5万人，省级4.4万人，地市级3.1万人。从工作类型看，从事科技活动的人员6.8万人，从事生产、经营活动人员1万人，其他人员1.15万人[①]。目前，中国正在对这些科研院所进行体制改革，让科技成果更好地转化成生产力，让科技人员更有动力从事科研工作。下一步要调整农业科技创新的重点和方向，农业科研从选题立项到研发推广，要更精准地服务于农业供给侧结构性改革这条主线，高高在上的科研要更接广袤农田的“地气”。同时，通过加强农业知识产权保护和运用，真正让科技成果置于法律的保护伞下，让科技人员放宽心、不伤心。

中国的农业技术推广工作主要由农业部来协调进行，以前主要有植保站、土肥站、种子站和农业科技推广站四个推广部门，现在已经合并成为“农业科技推广和服务中心”。近年来，中国大力加强了基层农技推广机构的改革和建设，推广机制的创新非常活跃。长期以来，由于体制机制的制约，农业科研与农业生产脱节的现象相当突出。让农业科研在农业供给侧结构性改革中发挥引领和支撑作用，必须加快解决这一老大难问题。为农业插上科技的翅膀，必须打通科研与生产相连接的“最后一公里”，使“藏在深闺人未识”的农业科技成果，走入寻常百姓家，让农民群众用得上，给农业生产增效益。到2015年底，全国有农技推广机构7.9万个，其中县乡级7.6万个，2/3的乡级农技推广机构实现了以县为主的管理体制，全国94%的农技推广机构已纳入全额拨款事业单位。由于对农业科技推广的支持力度加大，体制机制得到创新和完善，科技对农业的支撑作用稳步增强。2003—2016年，农业的科技贡献率从46.0%提高到56.6%。“十二五”期间，全国基层农技推广体系年推广新品种27.8万个次、新技术18.1万个次，开

① 参见《农业科研力量构成》(《农民日报》，2016年5月4日)。

展技术培训 58 万次，培训 3.5 亿人次。

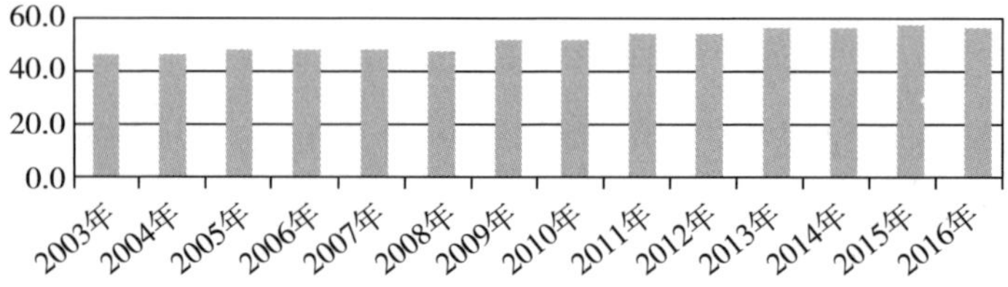

2003—2016 年农业科技贡献率（%）

第三节　大力促进农民增收

农民收入问题始终是农业农村工作的核心问题。近十几年来，随着国家强农惠农富农政策的连续密集出台，农民收入水平快速上升。2003—2015 年，农民人均纯收入从 2622 元增加到 10772 元，扣除物价指数后年均增速高达 8.77%。由于 2010 年以来农民的收入增加速度明显快于城镇居民的收入增长速度，城乡居民的收入差距正在逐年缩小。

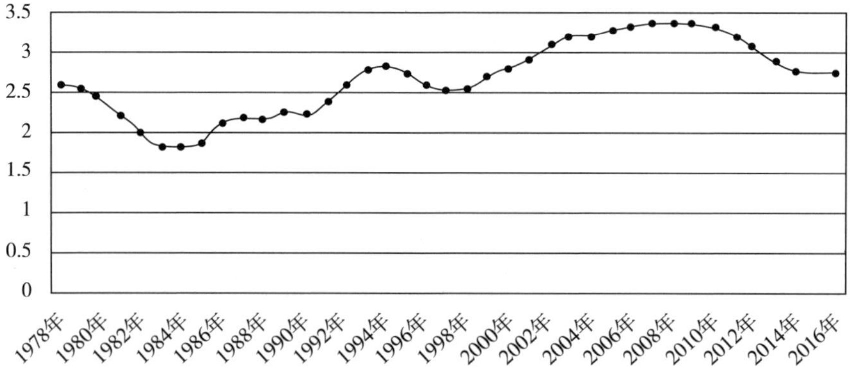

1978—2016 年中国城乡居民收入比

2016 年，农村居民人均可支配收入为 12363 元，比上年实际增长 6.2%，增幅比城镇居民人均可支配收入高 0.6 个百分点。农民收入的增长，不仅缘于政府实行了确保农产品销售价格稳定在一定水平的收购制度，对粮食生产等农业生产活动给予了一定补贴，而且缘于进入新世纪以来国家鼓励农民兴办企业和从事工商业活动，还缘于国家不断加强对农民务工经商的服务和支持。近十几年来，国家在社会保障、生态保护、扶贫、引导土地等要素流转、发展新型集体经济等方面制定的一系列政策，都对农民收入的增长起到了非常重要的带动作用。

1. 加大对农民的支持保护力度——以减负增收调动农民的种粮积极性

千千万万一家一户的普通农民，是中国粮食生产的基本主体。他们是否具有生产积极性，对粮食安全具有决定性影响。依托经济的快速发展和国家财力的迅速增强，国家将原来主要靠行政指令、生产管制等手段来要求农民种粮的方式，转变为更多依靠经济手段调动农民生产积极性的方式。随着国民经济的持续快速发展，中国逐步具备了支持农业农村发展的财政实力，在新世纪之初为农民做了三件大事。尤其是取消农业税和对种粮进行补贴，在中国历史上都是“破天荒”的重大举措。

第一件大事，推进中国农村税费制度改革，开启了种地不用交税的新时期。农业税是一个古老的税种，从公元前594年的“初税亩”开始征收。新中国成立初期，政府国库空匮，国家设置了农业税。1950年，农业各税占国家各项税收收入总额的比重曾达到40%，直到“五五”时期（1976—1980年）以后才降到了10%以下，到1979年仍有5.5%。农业税种及相关收费，是维持基层政府运转和发展农村公共事业的基本财力保障。但由于养人负担和发展任务重，国家缺乏足够支持，不仅给农民带来了沉重负担，甚至也影响到了农村的社会稳定。

为改变这一状况，国家从1998年就开始酝酿农村税费改革。2000年，安徽省率先启动试点。改革后安徽省农民的税费负担减少16.9亿元，减幅达31%。随着试点的成功和试点范围的扩大，各地“减轻负担”和“规范税制”的改革进程明显加快。2006年，这一在中国已经实行了2600年的农业税正式宣告取消，“皇粮国税”的制度自此终结。农村税费改革成功后，与1999年相比，农民每年减轻税费负担超过1335亿元，农民切实得到休养生息。2006年2月22日，国家邮政局发行了一张名为“全面取消农业税”的邮票，以纪念这一重要历史事件。

农村税费改革

从20世纪80年代中期开始，中共中央就开始想办法减轻农民负担。但由于体制没有根本理顺，财政支撑能力不足，一直没有摆脱减了增、增了减的怪圈。为此，国家从1998年就开始酝酿农村税费改革。初步的设想可以概括为“三个取消、两个调整、一个逐步取消和一项改革”：取消乡统筹、农村教育集资等专门面向农民征收的行政事业性收费和政府性基金、集资；取消屠宰税；取消统一规定的劳动积累工和义务工；调整农业税和农业特产税政策；改革村提留征收使用办法。实行这些措施后，乡镇“五统筹”纳入了农业税，村里的“三提留”成为农业税附加，这样，农民除了交纳7%的农业税和1.4%的农业税附加之外，就再也不承担其他任何收费了。原来300亿元的农业税调整后加上新的农业税附加为480亿元左右，减少的乡统筹、村提留为600亿元，其他乱收费则全部砍掉。改革后县乡政府将产生700亿元的资金缺口。除中央财政拿出200亿到300亿元补贴困难省、区、市的农村，还余400亿到500亿元缺口，这就需要通过倒逼机制推动机构改革、减轻养人负担来实现减支。

2000年，试点在安徽启动。这是一项涉及国家与农民关系的重大利益变革，试点注定不可能一帆风顺。改革后安徽省农民的税费负担减少 16.9 亿元，减幅达 31%。当年，中央财政向安徽提供了 11 亿元的专项转移支付。这个数字 2001 年又增加到 17 亿元，比安徽最初上报的 7 亿元整整多出 10 亿。

随着试点的成功和试点范围的扩大，各地“减轻负担”和“规范税制”的进程明显加快。2006 年 1 月 1 日起，国家正式宣布取消实行了 2600 年的农业税，以及农业特产税、牧业税、畜禽屠宰税。废止《农业税条例》，同时取消 4 项税收，包括农业税。农村税费改革成功后，农民每年减负超过 1250 亿元，农民得到休养生息。为确保农民负担不反弹，国家启动了包括乡镇机构、农村义务教育和县乡财政体制改革在内的农村综合改革。到 2011 年底，全国 33631 个乡镇已完成或正在进行机构改革，占总数的 98%。有 27 个省份对 1080 个县实行财政直接管理，2.93 万个乡镇实现了“乡财县管”。经历了前后十几年的持续努力，以减轻农民税费负担为主题的改革终于告一段落。

第二件大事是农民种地可以拿补贴了，这可是中国农民千百年来从来不敢想象的事。在现代社会，农民种粮拿补贴不是什么新鲜事。但对财力一直紧巴巴的中国来说，这是一件不得了的事。要知道截止到 2004 年，中国的农民有 7.57 亿人，比目前美国人口总数的 2 倍还多，而且都是分散在各处一家一户的小规模农户。且不说有没有足够大的财力来支撑，就是有钱但要真正实行起来，工作量也是不可想象的大。但中国政府下了决心，一定要补贴农民，这是在新时期提高农民收入、保障粮食安全的必然选择。

针对当时粮食生产连年下滑，农业比较利益低下和农民种粮容易受到生产资料价格上涨影响的情况，中共中央审时度势，在 2004 年的中央一号文件中明确提出了要建立农民种粮直接补贴、农机具购置补贴和扩大良种补贴的范围，中国农民种地拿补贴的时代开始了。在

2006年，又根据生产资料上涨的现实，实行了农资综合补贴政策。至此，以粮食直补、良种补贴、农资综合补贴、农机购置补贴为主要内容的“四项补贴”制度初步建立。2004—2015年，“四项补贴”从每年146亿元逐年增加到了1678.9亿元。虽然这些补贴到每户农民手里并没有多少，但对农民的心理产生了很大作用，这四项补贴一下子让农民心里乐开了花，种粮不但不用给国家交税，而且还能从国家那里领钱，这可是中国历朝历代从来没有过的事情。

为提高补贴的精准性和指向性，支持耕地地力保护和发展粮食适度规模经营，国家于2015年将粮食直补、良种补贴、农资综合补贴三项补贴合并为“农业支持保护补贴”。

第三件大事，是建立了最低收购价和临时收储价制度。2004年、2006年起国家在主产区分别对稻谷、小麦两个重点粮食品种实行最低收购价政策。所谓“最低收购价”就是国家在农民播种之前根据种植成本、往年市场价格等多种因素，给出一个收获季节新粮上市时的指导价。如果市场价格低于这个价格，在主产区就由国家的政策性粮食收储机构收购。如果市场价格高于这个价格，农民可以将粮食直接卖给市场。这相当于农民通过估算自己的投入和收获后的价格，可以提前知道自己当年种粮最少能收入多少钱。2007年以来，又先后对东北地区的玉米、大豆实行临时收储政策，即当玉米、大豆的市场价格过低时，国家以略高于市价的价格对其进行临时性收储。由于国家有托底价，农民的种粮积极性大为提高。仅在2004年一年，中国的粮食产量就增加了760多亿斤，这个增产量是以前从没有过的。粮食最低收购价政策和临时收储政策，是国家调整粮食供求关系的重要手段，也是保护农民种粮积极性的“定心丸”。

当然，随着近年国际国内形势的变化，特别是中国的劳动力、土地、资金成本上涨很快，推动了农业生产成本的上升，迫使国家收购价格也在节节攀升。而国际大宗农产品价格从2012年以来连续走低，原油价格低迷，中国大宗农产品的竞争力受到严峻挑战。在此情况下，中国的农业支持政策也在发生着调整和转变，特别是尽快改革粮食的价格形成机制已经成为必然趋势。从2016年开始，中国对东北地区的玉米和大豆取消了临时收储价格，采取"市场价格＋补贴"的方式，既要让市场机制发挥定价的功能，又不会让农民的收益下降太多。目前，对于水稻、小麦的价格形成机制改革正在推进过程中，让市场发挥更大的作用是必由之路，中国的政策也在随着形势和需要的变化不断演进和完善。

2. 大力发展非农产业——培育农民收入新增长点

中国的农民不仅勤劳节俭、淳朴敦实、睦邻乡里，也渴望富裕、自强不息、敢闯敢干。改革开放后，他们在搞好家庭农业经营的基础上，不断加强积累，扩大经营范围，打开增收致富局面。近40年来，顺应农民多元化经营的内在需求，国家不断调整法律法规和政策，农业发展连续登上新台阶，农村经济不断活跃繁荣，农民持续较快增收。

为将农民限定在土地上从事农业生产，计划经济时期对农民从事非农产业的管制极其严格。农村中的农林牧副渔几大产业中，排在"渔业"之前的"副业"就是非农产业，可见当时的地位何其之低，而且稍微多搞一点副业就被当作"资本主义尾巴"。中共十一届三中全会明确肯定家庭副业是社会主义经济的必要补充部分，任何人不得乱加干涉[①]，这给农民发展非农产业打开了制度缺口。

农民从事的非农产业规模大致可以从乡镇企业的统计数据得到反映。2013年，乡镇企业3204.40万个，总产值为66.60万亿元，利润

① 参见中共中央文献研究室《三中全会以来重要文献选编》（上），人民出版社1982年版，第8页。

总额 3.95 万亿元，上缴税金 1.67 万亿元。事实上，农民在城市还从事大量的产业，这并未统计在乡镇企业总产值之中。乡镇企业一度占据国民经济的“半壁江山”，今天依然具有举足轻重的地位。农民广泛从事各种行业虽然辛苦，但获得回报也能让他们感到满意。2013 年，农民在乡镇企业的从业人员为 1.66 亿人，获得的劳动者报酬为 4.27 万亿元，人均为 2.56 万元。

从近二十年的情况来看，农村非农产业的迅速发展，主要源于非公有制经济的发展活力不断增强。1992 年邓小平发表南方谈话以后，中国城乡个体私营经济出现高速发展的态势。1997 年实施的《乡镇企业法》，将乡镇企业界定为“农村集体经济组织或者农民投资为主，在乡镇（包括所辖村）举办的承担支援农业义务的各类企业”，使得农民投资为主的个体、私营经济被涵盖了进去，其合法权益受到法律的保护。为拓展农民增收渠道，2004 年的中央一号文件明确提出，“法律法规未禁入的基础设施、公用事业及其他行业和领域，农村个体工商户和私营企业都可以进入”，给农村个体私营经济极大的发展空间。农村个体私营企业紧贴市场需求，在宏观经济中拾遗补阙，灵活配置生产要素，一直保持了较快的发展态势。虽然它们的单个实体经营规模不大，但总量已经相当庞大，成了巨大的劳动力“蓄水池”，在促进农民就业和增收方面起了巨大作用。2013 年，农村私营企业、个体工商户的劳动者报酬分别为 1.93 万亿元、1.02 万亿元，分别吸纳从业人员 6475.42 万人、6347.74 万人，人均报酬分别为 3.0 万元、1.61 万元。尤其需要注意的是，这 1.28 亿从事个体私营经济的农村劳动者不仅就地实现了就业和增收，还能同时从事家里的农业经营，避免了外出务工经商给家庭带来的种种不便。

从产业结构来看，农村的非农产业主要是加工制造业。在乡镇企业的总产值中，工业所占比重达到 79.30%，批发零售业、建筑业位居第二、第三，分别占6.50%、5.30%，其余为住宿餐饮业、居民服务、其他服务和娱乐业、农林牧渔业等。农村加工制造业的发展，初期主要是依托廉价的劳动力，具有明显的劳动密集型特征，多为低端产品和初级产品。但中国农民是极具进取心和竞争意识的，经过长期的磨砺，农民所从事的产业范围越来越宽，技术水平迅速提高，适应全球市场的能力明显增强。现在，不少农村企业生产的产品走进了大中城市，甚至走向了境外。

农村非农产业的发展，具有明显的集群化特征。这种发展方式在中国之所以比较普遍，既是产业链不断分工的结果，又与农民初期投资能力不足有很大关系。在一个产业集群里，虽然每个企业的经营规模不大，但在龙头企业的带动下，小企业能够专门从事一个或者若干环节产品的生产经营，在产业链中找到与自己相适应的位置，最终形成了一个规模庞大、分工细致、功能比较完整、有市场竞争能力的产业群，这一特征在农产品加工、纺织、服装、鞋业、汽车摩托车、机电、小五金、家用电器、电器、家具、文具等产业中都体现得比较明显。

虽然中国近年来的经济增长率有所下降，但农村的发展活力仍不断显现，乡村旅游、农村电商、养老养生等新的产业和业态不断涌现，给农村经济发展带来了新的发展活力。据农业部统计，2016年，全国休闲农业和乡村旅游接待游客21亿人次，营业收入超过5700亿元，从业人员845万人，带动672万农户受益。据中国电子商务研究中心数据显示，2016年农村网购市场规模达到6475亿元。在今天的中国，这样的新产业、新业态正在各地如雨后春笋般地涌现，“井喷式”发展态势明显。

在四川成都一个叫“三圣乡”的地方，基于利用地处城市通风口绿地的地理优势，在占地12平方公里的6个行政村范围内利用川西民居建筑、特色花卉、人工湖泊和堰塘、缓坡起伏的山际线、乡村餐饮等方面的特色，创造性地打造了名为花乡农居、幸福梅林、江家菜地、东篱菊园、荷塘月色等“五朵金花”。近年来年均接待游客900万人次，年营业收入达到1.8亿元，解决了9790个农民的就业。

3. 促进农民转移就业，务工经商成为主要收入来源之一

随着统筹城乡经济社会发展战略的实施，一个非常重要且带有战略性的任务，就是加快户籍制度改革。近年来，中国的很多省区市已经取消了农业户口和非农业户口的二元户口登记制度，实行统一城乡户口登记制度。目前，农民工进入小城镇和部分中小城市定居的障碍已经不大。按照建立城乡统一的户籍管理制度的改革方向，一些大城市也实施了优秀农民工积分落户的制度，对农民工中的劳动模范、先进工作者和高级技工、技师，以及其他有突出贡献者，优先准予落户。

为改善农民务工经商环境，国家连续出台了一系列文件，对解决农民工就业以及相关问题提出了更明确的要求。2006年，国务院专门发出《关于解决农民工问题的若干意见》，标志着农民工就业环境的全面改善和权益保护力度的全面加强。近十几年中央发出的指导农业农村工作的文件，都对解决农民工遇到的突出问题提出具体政策要求。

产业发展需要高素质的员工，如何更好地提高农业转移人口的就业创业能力，是当前迫切需要解决的突出问题。2003年，国家专门就农民工培训制定政策、发出文件和实施规划，要求将农民工培训和农村职业技术教育工作作为重点任务，培训好农村的产业大军。相关部门实施了一系列培训工程，主要有农业部门的“阳光工程”、扶贫部门的“雨露工程”、劳动保障部门的“春风行动”、商务部门的“乡村流通人才”等。为各地各部门统筹规划培训项目、提高资金使用效益和

培训质量。近年来，政府组织的农民工培训每年为2000万人次左右，2016年达到2311万人次。目前，有培训需求的农民工基本都能得到1次以上的技能培训，农民工中涌现出一大批匠心独具的技能型人才。与此同时，政府还帮助农民工开拓劳务市场、收集发布劳务信息、组织劳务输出、协调劳务管理、提供劳务服务和法律咨询等，政府部门开展的这些工作大大提高了农民工的就业能力，改善了他们的就业环境。

从2003年开始，国家要求各地区、各有关部门要继续清理对企业使用农民工的行政审批，取消对农民进城就业的职业工种限制，不得干涉企业自主合法使用农民工。2004年的中央一号文件做出了这样一个重大判断："进城就业的农民工已经成为产业工人的重要组成部分"，保障他们的就业权利也就成了题中应有之义。2006年国务院发出的关于解决农民工问题的文件明确提出，"逐步实行城乡平等的就业制度"。对中国这样一个农村劳动力占全国劳动力绝大多数、长期实行城乡二元就业体制的国家，"平等就业"是对农民的最大福音。现在，农民进城务工经商已经基本上没有限制。

由于农村富余劳动力的规模一度达到无限供给的程度，农民工在就业过程中很难与雇主讨价还价，甚至遭到歧视。近十年来，国家空前加大了维护农民工合法权利的力度，目前已经实施双方签订劳动合同、工资支付监控、工资保证金、集体工资协商等制度，农民工工资合理增长，大规模拖欠农民工工资现象已经明显减少。2003—2016年，农村外出务工劳动力月平均收入从约690元增加到3275元。

近十几年来，中国农民工数量持续增长。即使在经济发展进入新常态的背景下，农民工人数仍然继续增加，并出现了西部地区和东北地区吸纳农民工能力逐步增强的态势。2016年，农民工总量达到28171万人，其中外出农民工16934万人、本地农民工11237万人。工资性收入在农民收入中的比重已经超过40%，甚至已高于家庭经营收入。2016年，全国农民人均工资性收入为5022元。工资性收入占人均可支配收入的比重达到40.6%，对农民当年收入增收的带动贡献率达到48.4%。

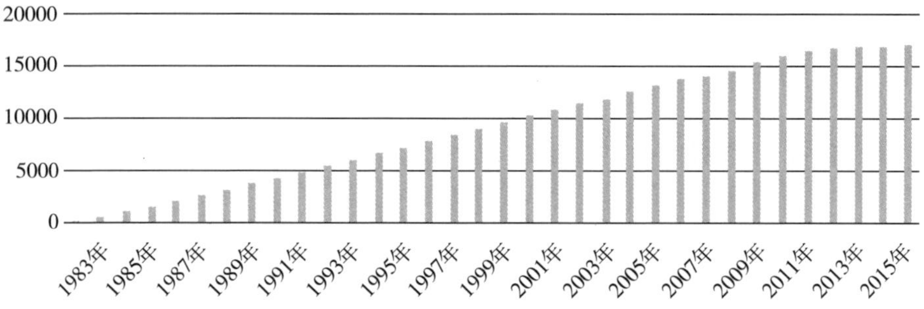

1983—2016年中国外出农民工数量变化情况（万人）

随着城乡经济社会发展的交融、农民收入和消费水平的提高、小城镇建设的加快以及农村交通信息等基础设施条件的改善，中小企业在农村的发展空间也在不断扩大。大量农民工在外面摸爬滚打以后，不仅积累了一定资金，也增长了见识，具备了较强的经营管理能力。他们中间的一部分人，抓住机会开始了返乡创业的路程。针对已经出现的农民工返乡创业潮，从2016年开始，相关部门启动实施了农民工等人员返乡创业培训五年行动计划，并先后在206个县级地区开展支持政策试点工作，农民工返乡创业人数正在明显增加。

第四节　推动社会主义新农村建设

1. 公共财政覆盖农村，改写“农民的事情农民办”的历史

公共财政是伴随经济发展市场化、国家财力增强、政府职能拓展而发展起来的。在计划经济体制时期，中国经济发展总体水平不高、财力薄弱，政府职能主要通过行政手段体现。直到20世纪90年

代，市场经济体制框架才建立起来，经济总量和财政收入才达到相当规模，公共财政才逐步发展起来。在 1998 年 12 月召开的全国财政工作会议上，第一次提出建立公共财政基本框架的设想，并在 2000 年 10 月召开的中共十五届五中全会上，明确将建立公共财政初步框架作为“十五”时期（2001—2005 年）财政改革的重要目标。恰逢这一时期，中国的经济发展速度相当快，国家财力得到明显增强。1999 年，国家财政收入首次突破了 1 万亿元，到 2003 年就突破了 2 万亿元，公共财政有了一定的基础，大力加强对农业农村的支持就有了条件。之后财政收入保持高速增长，2011 年突破 10 万亿元，政府支农投入也大幅度增长。

长期以来，国家财政很少支持农村经济发展和农村公共事业，农村到处贴着“农村的教育农民办”“乡村道路农民修”等类似的标语。一句话，农村的公共事业要由农民自己去办。但世纪之交推动的农村税费改革表明，没有国家的支持，农村基层政权的运转、农村公共事业的兴办都难以为继。为此，中央财政专门设立了农村税费改革转移支付专项，这就意味着农村的主要公共事业开始纳入财政支持的范畴。此后，随着国家财力的增强，财政支农的力度不断加大，支持范围不断拓宽。

公共财政覆盖农村的理念之所以能在极短的时间内深入人心，既是党中央、国务院不断统一各级政府思想认识的结果，也是现实因素促动的结果。2003 年“非典型性肺炎”事件的影响不仅在公共卫生方面，更重要的是，它引发了决策层和全社会关于公共服务的深刻反思。农业是国民经济的基础，农民占中国人口的绝大多数。农业的持续发展、农村的全面进步，受益者不仅仅是农民；农业农村出了问题，影响的也不仅仅是农民。农业农村发展本身就是一个公共性问题。在这样的背景下，公共财政覆盖农村的理念就呼之欲出了。

以2004年实施“三减免”“三补贴”（即减免农业税、取消除烟叶以外的农业特产税及后来全部免征牧业税，对种粮农民实行直接补贴、对部分地区农民实行良种补贴和农机具购置补贴）为肇始，以现代农业建设、农村公共基础设施建设、农村社会事业发展、农村安全保障和农村体制改革为主要内容的财政“三农”支出体系不断完善。2003—2016年，中央财政的“三农”支出从1754.5亿元增加到17539亿元。

自中国经济发展进入新常态后，财政增收幅度减缓，“三农”方面的支出也不如原来增加那么快，但中央在每年指导农业农村工作的一号文件中都明确要求，“三农”方面的支出要保持增加。与之同时，也在着力提高财政支出的效率，加大财政支农体制的改革。一是以规划为引导，鼓励各地打造平台，多层次多形式对不同来源的专项资金进行整合。二是充分发挥财政资金的杠杆作用，以奖补、贴息、贷款担保等多种方式，撬动信贷资金和社会资本投入农村，放大对农业农村的投入效应。三是将财政支出与农民务工增收结合起来，对财政支持的农村公益性建设项目，鼓励更多使用当地的农村劳动力。

中共十八大以来，中国关于解决好“三农”问题的决心更加坚定，强农惠农富农政策不断完善，农民的获得感进一步增强。“以工支农、以城带乡”的方针，已经在经济社会各个领域得到全面深入贯彻。

2. 改善农村生产生活条件，解决农民关心的实际问题

新世纪以前，在广大的农村地区，仍有2亿—3亿人喝不上干净卫生的水，氟斑牙和氟骨症等因水质问题引发的疾病比较常见。由于电网建设不足或者老化，农村断电的现象经常发生。由于清洁能源供应

不足，不少生态脆弱地带的稀疏植被被砍伐一光。城市居民走的是水泥路、柏油路，而农村还有不少地方则仍然还是泥泞的道路，农民出行很不方便。

新世纪以来，随着国家投入力度的加大，各地按照中央建设新农村的要求，扣紧农民最关心、最迫切需要解决的实际困难，农村的生产生活条件得到迅速改善。经过十几年的持续努力，3 亿多人饮水不安全的问题得到解决，农村电网普遍得到改造，农村沼气设施建设取得显著进展，农村的住房质量和安全性大为提高，农村的人居环境明显改善。而人们感觉最为直观的，则是农村道路的建设。以政府投资为主新修建的农村公路达到 300 万公里。在绝大多数地方，普通农村家庭现在一般在 1 个小时左右就能够达到县城，农民销售产品、购物、上学、看病等已经比较方便。随着信息化水平的提高，现在农村家家户户都有手机，农民与外界的联系非常方便。有线电视已经进入千家万户，农村的文化娱乐设施条件大为改善。对农民来说，城市文明可望而不可及的时代已经成为过去。

更为重要的是，随着生产生活条件的改善，一些地方的村庄不仅已经成为农民的美丽家园，而且开始吸引城里人的眼光。近年来，农村新一轮的“建房热”开始兴起，小轿车进入农村的现象越来越普遍，成为带动国内需求的重要力量。有趣的是，在不少地方，城镇居民一到周末就往农村跑，因为那里不仅有新鲜空气、青山绿水、风味浓郁的饭菜，而且还有传承几千年的传统文化。2010 年，在以“城市 , 让生活更美好”为主题的上海世博会，浙江省奉化市的滕头村在唯一一个以农村为题材的展区打出了“乡村 , 让城市更向往”的口号。那时参观的人中有不少还对此不以为然，但仅仅过了几年，这句话已经在越来越多的地方开始变成现实。

农村的基本条件发生历史性改善

一是农民喝上了安全放心的水。20世纪80年代中期，中国农村有2.4亿人、1.5亿头大牲畜饮水困难[①]。1984年，国务院专门就加强农村人畜饮水工作发出文件，1993年明确将解决农村人口的饮水困难问题作为“八七”扶贫攻坚计划的主要任务。“九五”(1996—2000年)至“十五”期间，全国累计解决农村1.07亿人的饮水困难问题及1100多万人的饮水安全问题。但到2004年底，全国还有3.23亿农村人口饮水不安全。针对这一情况，国家明确要求，无论有多大困难，都要想办法解决群众的饮水安全问题，绝不能让群众再喝高氟水。按照“先急后缓、先重后轻”的原则，国家提出了到2020年基本解决农村饮水安全问题的目标[②]。

2005—2010年，全国农村饮水安全工程共完成投资1093亿元，累计解决了2.21亿人口的饮水安全问题。由于部分地区水源变化、水质污染、卫生标准提高、工程老化报废、移民搬迁等原因，饮水不安全的人口又新增了1.96亿人，加上遗留的1.02亿人，共计2.98亿人。“十二五”期间，中国累计完成农村饮水工程投资1786亿元，全面解决了规划内2.98亿农村居民和11.4万所农村学校的饮水安全问题。截至2015年底，全国农村集中式供水人口比例达到82%，农村自来水普及率达到了76%。

二是解决了农民出行难。“要致富、先修路”，这是中国农村长期流行的谚语。在改革开放以前，农民和集体经济组织是农村公路的建设主体，国家很少对农村公路进行投资。1978年农村公路中的县道和乡道，总里程仅有58.6万公里。改革开放以后，政府在农村公路建设中发挥的作用越来越大。2000年，农村公路中的县道和乡道总里程已达到126.3万公里。

① 按照中国1984年制定的的标准，饮水困难是指居民点到取水点的水平距离大于1公里或垂直高差超过100米，正常年份连续缺水70—100天的情况。

② 参见翟浩辉《坚持以人为本切实解决农村饮水困难和饮水安全》(《中国农村水电水利》，2003年第12期，第4页)。

为落实以工支农、以城带乡的方针，2003年国家提出了“修好农村路，服务城镇化，让农民兄弟走上柏油路和水泥路”的要求，对投资政策进行了重大调整。“十一五”是农村公路建设进度最快的时期，中央对农村公路建设投入资金达1978亿元，全社会共计完成投资9500亿元。新建、改建农村公路186.8万公里，其中新增农村公路52.7万公里，农村公路总里程达到345万公里。“十二五”期间，农村公路建设的投资力度进一步加大，中央投资农村公路3265亿元，带动社会农村公路建设资金约1.3万亿元。截至2015年底，全国农村公路里程达到398万公里，全国99.99%的乡镇和99.87%的建制村通上了公路，乡镇和建制村通客车率分别达到99.01%和94.28%，解决了5.7亿农民的出行问题。

2016年，国家明确要结合实施精准扶贫战略，以革命老区、民族地区、边疆地区和贫困地区为重点实施“百万公里农村公路建设工程”，极大改善贫困区域的经济发展、贫困人口增收和生活条件。

三是农民用电更为方便。“耕地靠牛、照明靠油、用水靠挑、碾米靠推”，是传统农村普遍的生产生活方式。新中国成立之初，全国发电装机容量仅有185万千瓦，年发电量为43亿千瓦时。农村的年用电量仅为2000万千瓦时，平均每个农民年用电量仅为0.05度。20世纪五六十年代，农村掀起了第一次大规模办电的高潮，农业排灌用电开始兴起，越来越多的农户开始用上电。到1983年，全国农户的通电率已经达到59.4%。此后，农村的电气化水平迅速提高，到1997年农户通电率已经接近95.9%。1998年，国家要求在改造农村电网、改革农村供电管理体制的基础上，力争用3年时间，统一城乡用电价格，实现同网同价（简称“两改一同价”）。农村电网改造资金中，20%来自国债，80%来自企业贷款，投资规模达到4000亿元，超过新中国成立以来的总投资。

“十一五”期间，国家电网公司、南方电网公司两大系统在农村电网改造以及发展农村电力方面的累计投入分别达到3075亿元、691亿元。2011年，国家实施了新一轮农村电网改造升级工程。国家电网公司、南方电网公司分别累计完成农网改造升级工程投资1391亿元、1116亿元。2016年，在农村所有人口都已经用上电以后，国家又启动了“十三五”农村电网改造升级工程，以满足农村日益增长的电力需求。到2020年，要求建成结构合理、技术先进、安全可靠、智能高效的现代农村电网，全国农村地区基本实现稳定可靠的供电服务全覆盖，预计这一轮投资将超过7000亿元。

四是新型清洁能源离农民不再遥远。农村的户用沼气池由2000年的848万户增长到2015年的4300万户，受益人口超过1.5亿。乡村服务网点已发展到10万多处，覆盖70%以上的沼气用户。近年来，国家引导沼气工程向规模化、集中化、电力化方向发展。到2015年，全国已有规模化沼气工程10多万处。

农村地区太阳能利用形式主要有光伏发电和太阳能热水器、太阳房等。截至2015年底，全国太阳能集热面积保有量达到4.4亿平方米。目前，光伏发电已经成为太阳能利用的主要形式。2013年，国务院就促进光伏产业健康发展专门发出文件。2010—2015年，光伏发电累计装机从86万千瓦增加到4318万千瓦，光伏发电成本总体降幅超过60%。到2020年，太阳能热利用集热面积达到8亿平方米，太阳能年利用量达到1.4亿吨标准煤以上。国家已经明确，光伏扶贫要覆盖280万无劳动能力贫困户，平均每户通过光伏电能上网每年增加3000元的现金收入。

在中国，可作为能源利用的农作物秸秆及农产品加工剩余物等生物质资源总量每年约4.6亿吨标准煤。截至2015年，生物质能利用量约3500万吨标准煤，生物质发电总装机容量约1030万千瓦。此外，风能、小水能及其他能源的利用，在农村也得到了较大发展。

五是农民住上舒心房屋。“盖房子、娶媳妇”是农民的两件大事，住房也是农民最大的开销。农民生活得怎么样，农村的面貌怎么样，住房状况是最为直观的反映标志。在20世纪五六十年代，全国农村基本上是一层的土坯房。到了80年代，随着农民收入的增加，农村掀起了盖房的高潮，砖混结构和钢筋混凝土的住房开始普及。现在农民盖房，不仅在面积上要满足需要，而且注重安全、舒适、美观。1978—2015 年，农村居民人均住房面积从 8.1 平方米增加到 37.1 平方米，增长了 3.6 倍，居住面积总体上已经能够满足正常生活需要。从 2008 年起，国家开始实施农村危房改造项目，到 2015 年，各级财政累计投入超过 2400 亿元，累计解决了 2000 万经济困难农户的住房安全问题。“十三五”时期（2016—2020 年），国家将集中力量支持 1600 万经济困难农户进行危房改造，基本消除农村危房问题。

六是农村开始变得干净美丽。2013 年 11 月，第一次全国改善农村人居环境工作会议在浙江桐庐召开。桐庐是一个被称之为“水碧山青美如画”的地方，举世闻名的《富春山居图》描绘的就是这个地方。这次会议的召开，最重要的是激发了人们对美丽乡村的向往。会议就改善农村人居环境提出了方向性的要求。2014 年，国家就改善农村人居环境专门发出的文件要求以保障农民基本生活条件为底线，以村庄环境整治为重点，以建设宜居村庄为导向，通过长期艰苦努力，全面改善农村生产生活条件。2015 年，第二次全国改善农村人居环境工作会议选择在了经济发展水平并不高，但村庄环境整治极富成效的广西恭城召开。这次会议形成的基本导向是：只要结合实际情况，找出突出问题，找到好的途径，各地农村的人居环境改善就都能取得实实在在的成效。2016 年 12 月，国务院再次召开全国改善农村人居环境电视电话会议，要求牢固树立“绿水青山就是金山银山”的理念，把改善农村人居环境与推动农村经济发展、传承传统文化、保护绿水青山有机统一起来，稳步推进美丽乡村建设，加强传统村落民居和历史文化名村名镇的保护。

近年来，中国的农村人居环境建设取得显著成效。像农村垃圾治理、农村生活污水治理、绿色村庄建设、传统村落保护等基本工程正在全国各地村庄深入推进，由此带动了各地在推行垃圾就地分类减量处理和资源回收利用工作上的显著进展。

3. 加强农村基本公共服务，填补城乡发展制度鸿沟

在传统城乡二元结构中，城乡差距不仅体现在基础设施的“硬件”上，更为突出的是体现在农村基本公共服务的“软件”上。过去，城市户籍的人生病了有职工医疗保险或城镇居民基本医疗保险，退休了可以领取退休金，闲暇时间可以去图书馆、电影院等场所，而在农村这些方面的制度和设施却很不健全。

基本公共服务中城乡差距最大、影响最为长远的，是城乡教育差距。在城市，义务教育经费有较好的财政保障，效益较好的企业还可给予大力支持。因此，高学历高素质的教师一般留在了城市学校，农村的好教师也多数被调到了城里。城市学校的校园比较规范，文体设施齐全，学生的住宿、餐饮等条件较好。在一般情况下，城市学生能够读完高中或者职业技术学校，成绩好一些的就能够上大学。但在农村，由于师资力量不够、教学设施条件落后、上学距离较远、父母外出打工等原因，大量学生没上完初中就辍学了；即使上了高中，由于教育质量差，也很难考上大学。教育方面的差距，往往会在一代人甚至几代人身上延续。

获得基本公共服务，是农民作为公民的基本权利。从 2001 年开始，国家对农村义务教育阶段贫困家庭学生“免学杂费、免书本费、逐步补助寄宿生生活费”。这项政策从困难家庭学生逐步扩大到全部学生。2005 年，国务院专门发出关于深化农村义务教育经费保障机制改革的文件，明确要求将农村义务教育全面纳入公共财政保障范围。此后，国家还针对发展农村职业技术教育、普通高中教育、农村学前教育出台了一系列政策，并在加强农村教师队伍建设、支持贫困家庭学生上大学、为农村中小学生提供营养餐等方面采取了一系列有针对性的措施，使农村义务教育发展水平登上了一个大台阶，城乡之间的差

距明显缩小。

从2003年开始，国家开始开展新型农村合作医疗制度试点。在国家财政支持2/3资金的推动下，农民的参价合作医疗制度积极性高涨。目前，99%的农村常住人口都已加入了新型农村合作医疗制度，此外还有部分在外打工的人参加了城镇职工基本医疗保险或其他医疗保险。为解决特困群体、受灾群体、特殊患病群体等的医疗费用问题，国家还建立了医疗救济制度。

此后，国家又在农村普遍建立了最低生活保障制度、社会基本养老保险制度等。可以说，在目前的中国农村，已经建立了与城镇相当的社会基本公共服务和居民基本保障制度，但在服务和保障水平方面，城乡之间还存在着差距。今后的目标，是在国家财力不断增强的背景下，不断提高农村基本公共服务和农民基本保障的水平，逐步实现与城镇的接轨。

农村的基本公共服务实现历史性跨越

统筹兼顾是实现科学发展的根本方法，而统筹城乡发展、统筹经济社会发展为提高农村基本公共服务发展水平带来了历史性机遇。

一是让农家子弟学有所教。1985年5月，中共中央做出《关于教育体制改革的决定》，明确提出把发展基础教育的责任交给地方。1986年7月开始施行的《中华人民共和国义务教育法》，要求东部、中部、西部三个地区分阶段有计划地逐步实施九年制义务教育。但由于很多县乡财政困难，不具备承担教育支出的能力，只能依靠税外的各种收费加重农民负担。2000年，国家决定实行农村税费改革试点，取消乡统筹和农村教育集资等专门向农民征收的行政事业性收费和集资。2001年，国家发布关于基础教育改革和发展的决定，明确把农村义务教育的责任由农民承担转为由政府承担。2003年，国务院专门发出关于进一步加强农村教育工作的文件，特别强调省级政府要落实对农村义务教育的投入责任，要求各级政府今后新增教育经费主要用于农村。2005年，国务院发出关于深化农村义务教育经费保障机制改革的通知，明确要求全部免除农村义务教育阶段学生学杂费，提高农村义务教育阶段中小学公用经费保障水平，建立农村义务教育阶段中小学校舍维修改造长效机制，巩固和完善农村中小学教师工资保障机制。2006年开始对西部地区农村义务教育阶段学生全部免除学杂费，到2007年这一政策扩大到中部和东部地区，这标志着政府分级负责的农村义务教育经费保障机制初步建立，免费义务教育真正得以实现。此外，对家庭经济困难学生补助寄宿生活费，向农村义务教育阶段学生免费提供教科书。通过实施中西部农村初中校舍改造工程、农村义务教育薄弱学校改造计划和边远艰苦地区农村学校教师周转宿舍建设试点项目等，农村学校条件大为改善。通过实施聘用特岗教师的计划，吸引了大量大学生到农村任教。近年来，国家还加大了对农村职业教育的支持。对中等职业学校农村家庭经济困难学生和涉农专业学生，实行免费教育。

二是让农民病有所医。在20世纪60年代，中国农村的“赤脚医生”、合作医疗制度、农村保健站成为解决农村缺医少药问题的“三件法宝”。联合国妇女儿童基金会曾经高度评价中国的农村卫生事业，认为给发展中国家提供了样板。但20世纪80年代以后，由于人民公社体制的解体、乡村集体经济公共积累的下降，合作医疗覆盖率在1986年下降至4.8%。90年代以后，在合作医疗制度的失效和医疗卫生领域市场化改革的共同作用下，农民看病难、看病贵的问题凸显出来。

1997年，国家开始探索建立新型农村合作医疗制度。从2003年起，农村新型合作医疗制度开始试行，加入这一制度的农民每人每年交纳10元，中央财政对中西部地区除市区以外的参加新型农村合作医疗的农民年人均补助10元，地方财政配套补助不低于10元，即人均年筹资30元。随着试点的推进，方案不断成熟，现在已经进入有序提高筹资标准、健全保障机制的稳定运行阶段。2016年，农民个人缴费标准全国平均达到150元左右，各级财政对新农合的人均补助标准达到320元。与之同时，通过完善大病保险机制，控制医疗费用不合理增长，推进城乡居民基本医疗保险制度整合工作，加强基金安全监管，确保了这一制度的可持续性。截至2015年底，全国参加新型农村合作医疗人数达6.7亿，参合率为98.8%。2015年度新农合筹资总额达3286.6亿元，人均筹资490.3元。全国新农合基金支出2993.5亿元。经过长期努力，农村的卫生服务能力得到稳步提高，农民看病难、看病贵的问题已经大为缓解。

三是让农民身有所养。2007年10月召开的中共十七大明确提出，到2020年要实现"覆盖城乡居民的社会保障体系基本建立，人人享有基本生活保障"的目标。近年来国家加快了这方面的制度建设，以建立和完善特困人员供养、最低生活保障、养老保障为主的农村社会保障体系。

第一，农村五保供养制度。新中国成立后，党和国家十分关心农村鳏寡孤独及残疾人的生存权保障问题。但囿于国家财力有限，在1956年创立这一制度时，基本只能依靠农村集体经济组织从公益金中解决。改革开放以后，由于集体经济组织积累有限，资金由村集体经济组织和乡镇政府共同解决。到世纪之交开展农村税费改革以后，由于相当部分地区的村集体经济组织已没有这方面的资金来源，五保户供养转由主要依靠国家财政转移支付解决。

2014年5月，国务院颁布的《社会救助暂行办法》实施，提出将"农村五保户"、城市"三无"群众作为"特困供养人员"进行专门保障，"农村五保户"从此改称"农村特困人员"。截至2015年底，全国救助供养农村特困人员516.7万人，全年各级财政共支出农村特困人员救助供养资金210.0亿元。

第二，农村最低生活保障制度。针对部分农村特困群众自己解决不了温饱问题的实际，很多地方实行定期定量的生活救济制度。到2006年，全国已经有21个省（自治区、直辖市）实行这一制度。2007年的中央一号文件首次提出了在全国建立这一制度的要求。2007年7月，国务院发出了关于在全国建立农村最低生活保障制度的通知，要求将符合条件的农村贫困人口全部纳入保障范围，稳定、持久、有效地解决全国农村贫困人口的温饱问题。2008年，全国所有涉农县全部建立农村低保制度。

截至2015年底，全国有农村低保对象2846.2万户、4903.6万人。全年各级财政共支出农村低保资金931.5亿元。2015年全国农村低保平均标准3177.6元/人·年，全国农村低保年人均补助水平1766.5元。

第三，新型养老保险制度。长期以来，城镇职工退休以后，可以领取养老金。但农民没有退休之说，不能自食其力以后只能依靠子女赡养或社会救助。能够领取养老金，是农民梦寐以求的愿望。

2009年9月，国务院发出开展试点的指导意见，要求试点范围覆盖10%的县（市、区、旗），2020年之前基本实现对农村适龄居民的全覆盖。这一制度的参保范围为年满16周岁（不含在校学生）、未参加城镇职工基本养老保险的农村居民。制度实施时已年满60周岁的，不用缴费就可以按月领取由财政出资的基础养老金，但为弘扬尊老爱幼的传统美德，要求其符合参保条件的子女应当参保缴费。新型农村社会养老保险基金由个人缴费、集体补助、政府补贴构成。个人缴费标准最初设为每年100元、200元、300元、400元、500元5个档次，适时调整，多缴多得。

由于这一制度深得人心，到2012年就基本实现了农村新型社会养老保险制度全覆盖。2014年，国务院决定，按照全覆盖、保基本、有弹性、可持续的方针，将新型农村社会养老保险和城镇居民社会养老保险这两个制度衔接起来，到2020年前全面建成公平、统一、规范的城乡居民基本养老保险制度。2015年末，城乡居民基本养老保险参保人数50472万人，其中已实际领取养老金的有14800万人。全年城乡居民基本养老保险基金收入2855亿元，其中个人缴费700亿元。基金支出2117亿元，累计结存4592亿元。

四是让农民享有文化生活。农村文化生活缺乏，是城乡发展差距的重要表现之一。2005年，国家就进一步加强农村文化建设专门发出文件，要求按照建设社会主义新农村的要求，经过5年的努力，基本形成适应社会主义市场经济体制、符合社会主义精神文明建设规律的农村文化建设新格局。这十几年来，以推进县文化馆、图书馆、乡文化站和村文化室建设为基础，基本建成了覆盖农村公共文化服务的设施网络。同时，实施广播电视村村通、文化信息资源共享、农村电影放映和农民书屋建设等文化惠民重点工程，增加了农村公共文化服务的资源总量。

第五节　坚决打赢脱贫攻坚战

相当数量的人口陷于贫困，始终是人类社会发展与进步所面临的大敌。1992年12月召开的第47届联合国大会，决定将每年的10月17日定为“国际消除贫困日”。2000年9月，联合国千年首脑会议又把到2015年将世界极端贫困人口和饥饿人口减少一半，作为千年发展目标之一。根据联合国的测算，世界生活在极端贫困中的人数，已从1990年的19亿人，降至2015年的8.36亿人，世界极端贫困人口减少了54%（即10.64亿人），其中的主要进展是在2000年以后取得的。2015年9月举行的联合国发展峰会，通过了《2030年可持续发展议程》，提出了在世界所有人口中消除极端贫困的目标。对有14亿人口的中国来说，这样的目标已基本实现。中国之所以能够从一个积贫积弱、贫困人口最多的国家成为世界减贫事业的主要贡献者，到2020年有望全面建成小康社会，不仅在于新中国成立以来由于经济社会整体发展不断带动着贫困区域快速发展，也由于充分发挥制度优势，根据各个阶段的实际情况，实施了符合国情和发展阶段实际的扶贫方略。

1. 从救济式转向开发式扶贫，让 7 亿多人摆脱贫困

按世界银行每人每天 1.25 美元的标准测算，1981 年，中国有贫困人口 8.39 亿人。到 2011 年时，贫困人口已减少到 8417 万人，减少了 7.54 亿人。这部分脱贫人口，占全球同期减贫人口总数的 70% 以上。根据世界银行按每人每天 1.9 美元的新标准测算，2012 年中国的贫困人口为 8700 万人；而按 2010 年人民币不变价 2300 元 / 人 · 年的标准，中国自己测定的 2012 年农村贫困人口为 9899 万人。中国的扶贫行动是按照自己的标准推进的，按照中国自己的标准，1978 年农村贫困人口为 2.5 亿，占农村人口的 30.7%。经过 30 多年不懈的艰苦奋斗，中国率先实现了联合国关于到 2015 年贫困人口减半的千年目标，为全球减贫事业作出重大贡献。

从 20 世纪 80 年代开始，中国就以解决贫困人口吃饱穿暖为基本要求，坚持不懈有组织、有计划、大规模地开展救济式扶贫工作。在全党全国全社会同舟共济、携手共进中解决了绝大多数贫困人口的基本生存问题以后，中国就开始认真考虑解决贫困地区、贫困人口的脱贫问题了，扶贫的方式也开始从救济为主转向了开发扶持为主。1994 年 3 月，国家发布了《国家八七扶贫攻坚计划（1994—2000 年）》。所谓“八七”，就是对当时全国农村 8000 万贫困人口，力争用 7 年左右的时间基本解决温饱问题。这一计划圈定了分布在中西部深山区、石山区、荒漠区、高寒山区、黄土高原区、地方病高发区以及水库库区的 592 个县作为扶贫工作重点县，确定了扶贫攻坚的主战场。当时确定的目标是到 20 世纪末解决贫困人口温饱问题，绝大多数贫困户年人均纯收入达到 500 元以上（按 1990 年不变价格），扶持贫困户创造稳定解决温饱的基础条件，并要加强基础设施建设和改变教育文化卫生等事业落后的状况。这一计划实施以后，国家重点扶贫县的农民人均纯收入达到 1337 元，经济和社会事

业发展明显加快，生产生活条件明显改善。

为集中力量推动贫困地区脱贫致富，2001 年 9 月，中央发布《中国农村扶贫开发纲要（2001—2010 年）》，要求尽快解决农村贫困人口温饱问题，进一步改善贫困地区的基本生产生活条件，为达到小康水平创造条件。2001—2007 年，中央财政扶贫资金（含以工代赈）从 100 亿元增加到 144 亿元，累计投入 873 亿元，年均增长 6.3%。农村贫困人口稳步减少，贫困发生率逐步下降。按照中国当时的扶贫标准，农村贫困人口由 2000 年的 9422 万减少到 2010 年的 2688 万，贫困发生率相应由 10.2% 下降到 2.8%。贫困地区人民生活水平显著提高，国家扶贫重点县农民人均纯收入由 1989 年的 303 元增长到 2010 年的 3273 元。此外，贫困地区基础设施和生产条件得到明显改善，贫困地区的社会事业加快发展，农村劳动力素质不断提高。

为进一步加快贫困地区发展进程，促进共同富裕，实现到 2020 年全面建成小康社会奋斗目标，中共中央、国务院又印发了《中国农村扶贫开发纲要（2011—2020 年）》（简称新《纲要》）。这一阶段的扶贫开发工作重点，开始从以解决温饱为主的阶段转入巩固温饱成果、加快脱贫致富、改善生态环境、提高发展能力、缩小发展差距的新阶段。国家大幅度提高了扶贫标准，明确以在扶贫标准以下具备劳动能力的农村人口为扶贫工作主要对象，以连片特困地区为主战场，围绕实现"两不愁、三保障"① 为中心推进扶贫开发。贫困地区农民人均纯收入增长幅度高于全国平均水平，基本公共服务主要领域指标接近全国平均水平，并对基础设施建设和教育医疗等提出了明确具体的任务要求。

在长期实践中，中国成功走出了一条以经济发展为带动力量、以增强扶贫对象自我发展能力为根本途径，政府主导、社会帮扶与农民

①"两不愁、三保障"，指不愁吃、不愁穿，义务教育、基本医疗和住房安全有保障。

主体作用相结合，普惠性政策与特惠性政策相配套，扶贫开发与发挥社会保障相衔接的中国特色扶贫开发道路。最核心的经验有两条：第一，经济社会发展的带动。中国扶贫成就的取得主要依靠经济社会发展的带动。改革开放30多年来，中国国民经济稳步快速增长，就业机会大量增加，2.6亿多农业劳动力转向非农就业，农民人均纯收入实际年均增长7.5%左右。第二，发挥政治和制度优势。发挥中国共产党领导的政治优势和社会主义制度的优越性，连续制定专门的减贫规划，实行责任、任务、资金和权力四到省的扶贫工作责任制和各级政府扶贫工作首长负责制，最大限度地调集资源和动员各方面力量，形成支持贫困地区发展的合力。

2. 精准扶贫、精准脱贫——新的扶贫方略

中国扶贫成就巨大，但并不意味着扶贫难度就小了。经过多年的努力，容易脱贫的地区和人口已经基本脱贫，剩下的都是难啃的“硬骨头”。中共十八大以后，距离全面建成小康社会的期限越来越近。2012年12月，习近平总书记到河北省阜平县考察扶贫开发工作时指出“全面建成小康社会，最艰巨最繁重的任务在农村，特别是在贫困地区。没有农村的小康，特别是没有贫困地区的小康，就没有全面建成小康社会”。“从现在开始距离实现全面建成小康社会的第一个百年奋斗目标只有五六年了，但困难地区、困难群众还为数不少，必须时不我待地抓好扶贫开发工作，决不能让困难地区和困难群众掉队”。2013年11月3日，习近平总书记考察湘西十八洞村时首次提出了“精准扶贫”的重要思想，并做出了“实事求是、因地制宜、分类指导、精准扶贫”的重要指示。此后他多次要求：采取超常规的举措和过硬的办法，倒排工期，算好明细账，决不让一

个少数民族、一个地区掉队。2015年12月，《中共中央国务院关于打赢脱贫攻坚战的决定》发布，要求充分发挥政治优势和制度优势，把精准扶贫、精准脱贫作为基本方略，采取超常规举措，拿出过硬办法，举全党全社会之力，坚决打赢脱贫攻坚战。2015年6月，习近平总书记在贵州召开的部分省区市党委主要负责同志座谈会上进一步指出，“扶贫开发贵在精准，重在精准，成败之举在于精准”。“精准”二字，是这次打赢脱贫攻坚战的突出特征，其要义是扶贫政策和措施要瞄准真正的贫困家庭和人口，采取有针对性的帮扶，从根本上消除导致贫困的各种因素和障碍。而要实现精准扶贫、精准脱贫，就必须实现以下六个方面的精准：

一是扶持对象精准。原来的扶贫措施主要针对区域发展，直接到户的扶贫支持措施相对不足。而且，由于到户的措施在不少地方被当成一种福利，存在轮户戴帽、不依据实际收入和消费状况评议、确定扶贫对象不严格等现象，造成一些真正的贫困户享受不到扶持政策而非贫困户却在享受的情况。按现行贫困标准，2014年底全国有农村贫困人口7017万，贫困发生率7.2%。自2011年起，国家衡量是否贫困的标准，为是否稳定实现不愁吃、不愁穿，义务教育、基本医疗和住房安全有保障。而精准识别扶贫对象的重点，就是要把尚未达到这些标准的贫困农户找出来。因此这次确定扶贫对象过程中更加注重收入、消费、资产、健康、教育、环境等多维因素，用严格的否决性指标来排除不合标准的个体，将真正的贫困户识别出来。

二是项目安排精准。尚未脱贫的人口大多致贫原因复杂，42.1%的贫困农户因病致贫，35.5%的贫困农户因缺资金致贫，22.4%的贫困农户因缺技术致贫，16.8%的贫困农户因缺劳力致贫，以及其他原因致贫。但具体到每个贫困户，产生这些致贫原因的情况十分复杂，有的是阶段性的，因此必须综合分析每家每户的情况，然后才能量身定做方案。

三是资金使用精准。当地政府最熟悉情况，也最容易找出办法。扶贫项目确定以后，需要资金跟着项目走。为此，需要地方政府在资金使用上有更多的自主权、更大的资金调度权、更直接的监督检查权。目前，专项扶贫资金管理权基本下放到县一级，资金整合力度明显加大。

四是措施到户精准。原来的扶贫措施并不是基于一家一户制定的，往往是一个村用一个办法、搞同一个项目，药不对症的现象较多。这次的到户扶贫措施要求挨家挨户制定操作性措施，实现与扶贫对象的无缝对接。

五是因村派人精准。主要通过选派第一书记和驻村工作队的方式，与现有村干部的力量结合起来，迅速提升扶贫工作能力。这样，就不仅要讲得清情况，而且要拿得出办法，做得到有效监督。

六是脱贫成效精准。有了前面五个精准，脱贫成效精准就有了基础。建立科学严格的评估机制，防止“数字脱贫”“突击脱贫”“象征性脱贫”等现象的产生。

3.“五个一批”——脱贫攻坚的基本路径

根据脱贫攻坚目标，中央确定了实施精准扶贫的基本路径：对有劳动能力的支持发展特色产业和转移就业，通过发展生产脱贫一批；对“一方水土养不起一方人”的地方，通过易地扶贫搬迁脱贫一批；对生态特别重要和脆弱的地方，通过生态补偿脱贫一批；对有教育培训潜力的，通过发展教育脱贫一批；对因病因灾和生活无稳定保障的，通过社会保障兜底一批。据测算，通过产业扶持，可以解决约 3000 万人脱贫；通过转移就业，可以解决约 1000 万人脱贫；通过易地搬迁，可以解决约1000万人脱贫，总计可脱贫5000万人左右。还有2000余万完全或部分丧失劳动能力的贫困人口，通过全部纳入最低生活保障覆盖范围，实现社保政策兜底脱贫。围绕“五个一批”，中央从发展特色产业，引导劳务输出，加强生态保护，加强教育脱贫，开展医疗保险和医疗救助，探索资产收益扶贫，健全留守儿童、留守妇女、留守老人和残疾人关爱服务体系等方面，明确了相应的政策举措。其中有两个重大举措需要重点解释。

一是关于易地扶贫搬迁。经过调查研究，决定对“一方水土养不起一方人”地区中的贫困人口实施易地扶贫搬迁，力争“十三五”期间完成1000万贫困人口搬迁任务，到2020年，使搬迁对象生产生活条件明显改善，享有便利可及的基本公共服务，收入水平明显提升，迁出区生态环境有效改善，与全国人民一道进入小康社会。

二是关于低保兜底脱贫。经测算，到2020年大约还有2000余万贫困人口属于完全或部分丧失劳动能力的人。对这部分人，无法依靠产业扶持和就业帮扶脱贫。中央确定，把这部分人口全部纳入农村最低生活保障范围，实行政策性保障兜底。低保对象是指那些完全或部分丧失劳动能力的人口，以及部分因为特殊原因一时生活无着的人，而有劳动能力的人应在政府和社会的扶持下努力靠自己的劳动摆脱贫困。因此，低保制度不能成为一个养懒汉的制度。

在实施“五个一批”的同时，中央还着眼贫困地区的发展出台了一系列重大举措，包括对贫困地区加快交通、水利、电力建设，加大“互联网+”扶贫力度，加快农村危房改造和人居环境整治，重点支持革命老区、民族地区、边疆地区、连片特困地区的脱贫攻坚等。为保障这些项目的实施，中央还从财政投入、金融扶贫、用地政策、人才支持、领导责任制、基层党组织建设、考核督查问责、队伍建设、法治建设等多方面制定了政策。

第六节　更好地保护农民以土地为核心的财产权利

实行社会主义市场经济的中国，保护好农民的财产权利，不仅是在经济上保障农民物质利益、在政治上尊重农民民主权利的基本要求，也是维护好国家基本经济制度和社会主义市场经济秩序的要求。从法律上保护农民的权利，中国从建国开始就一直在持续推进。从20世纪80年代开始，中国的法律法规体系加快建设，保护农民财产权的法律基础不断加强。威廉·配第说，土地是财富之母。不论实行什么样的经济制度，土地都是农民最基本的生产资料和财产。正是土地的这种特殊性，中国农村改革的主线一直围绕着处理好农民和土地之间的关系而进行。保护和实现好农民的土地权利，是对农民财产权的最大保护。

1. 让农民的财产权利享有法律保障

进入新世纪，中国的经济社会发展既取得了前所未有的巨大成就，也发生了前所未有的巨大变化，从法律上保护中国农民的各项权利显得尤为重要和迫切。农民的财产权利只有有了法律保障，才能在市场经济的大潮中不被侵犯。

《宪法》是中国最高层级的根本大法，里面对农村土地的所有权、农村基本经营制度、农村集体经济组织、村民自治等农民的基本权利都进行了明确的规定。对于农村的土地所有权，《宪法》中规定，“农村和城市郊区的土地，除由法律规定属于国家所有的以外，属于集体所有；宅基地和自留地、自留山，也属于集体所有”，“土地的使用权可以依照法律的规定转让”。农村的“集体”，是由一个个具体的村落及生活在村落中的人所组成的。因此，农村土地的“集体所有”，指的是每一个具体村落中的每一个农民集体所有，只有本集体的农民才是农村土地的真正主人。对于农村基本经营制度，《宪法》规定，“农村集体经济组织实行家庭承包为基础、统分结合的双层经营体制”，这就从根本大法上确立了农户家庭是农业生产经营主体的地位，既要调动每个农户生产经营的积极性，也要发挥集体组织在某些生产环节上统一经营的优势，从而形成具有中国特色的农业经营制度。对于农村集体经济组织，《宪法》中规定，“国家保护城乡集体经济组织的合法权利和利益，鼓励、指导和帮助集体经济的发展”，“集体经济组织在遵守有关法律的前提下，有独立进行经济活动的自主权”。宪法不但保护和帮助农村集体经济组织发展，而且还赋予了农村集体经济组织独立运行的权利，让农村集体经济组织有更大的自主权和发展空间。对于乡村的治理，《宪法》规定，“村民委员会是基层群众性自治组织”，“村民委员会的主任、副主任和委员由居民选举”，这赋予了农民民主选举、民主决策、民主管理、民主监督的基本权利，成为中国农村实行村民自治制度最重要的法律基础。

除了《宪法》之外，《中华人民共和国民法通则》《中华人民共和国物权法》（以下简称《物权法》）《土地管理法》等高层位的法律都对农民的权利进行了相应的规定。特别是《物权法》，将农民财产权利受保护的规定进一步明细化。该法以较大篇幅规范了农村土地的所有权、承包经营权以及宅基地占有、使用等相关权益关系。《物权法》明确把农民的土地承包经营权、宅基地使用权定位为“用益物权”，明确了它们是农民的财产权利。

除了这些法律以外，还有一项与中国农民息息相关的法律，直接影响到他们对土地的权利，那就是 2002 年 8 月通过的《中华人民共和国农村土地承包法》（以下简称《农村土地承包法》）。2009 年 8 月，该法又根据新情况进行了修订，形成了今天指导中国农村土地承包经营的法律。基本制度确立以后，就需要解决实施过程中的具体细节问题。

譬如说，农村集体的耕地什么人才有承包的权利；村集体经济组织作为发包方有什么权利和责任，能不能随便收回农民的土地承包权；农民承包土地享有哪些权利，能不能改变土地用途，承包土地能够延续多长时间；如果家里的人数发生变化能不能调整承包土地，如果自己不想种了能不能流转给别人种，都能够流转给哪些人种，等等。对这些问题，《农村土地承包法》给出了回答。

总体来看，中国的法律对农民基本权利的保障是充分的，作为农业基本生产资料的土地，其所有权和使用权清晰，农户作为农业生产经营者的主体地位稳固，农村集体经济组织具有应有的法律地位，农村的自治制度也符合中国乡村治理的实际需要，农民有了法律作为维护自身权利的武器，心里也会更有安全感、更踏实。

2. 实行农村承包土地“三权分置”改革

中国在农村实行以家庭承包经营为基础、统分结合的双层经营体制。农村土地的所有权归集体，承包经营权归农户，这就是“两权分置”。随着工业化、城镇化的深入发展，农民非农就业和收入的增加，相当部分的农户希望在保留土地承包者地位的前提下将土地的经营权让渡出去，自己则可以放心地从事其他的工作和提高自己的收入。与之同时，也有相当数量的人希望通过转入土地经营权或者通过合作等形式扩大农地经营规模，以提高劳动生产率和收益水平。现在全国农村流转的土地面积已经占到农户总承包面积的35%，30%的农地承包户已将经营权或多或少地流转了出去。这样，在制度设置层面就有了将经营权独立设置的广泛社会基础。2013年12月，习近平总书记在中央农村工作会议上正式提出“三权分置”的理论和政策要求。2016年4月，他在安徽小岗村农村改革座谈会上又做了深刻阐述。他是这样说的，“要顺应农民保留土地承包权、流转土地经营权的意愿，把农民土地承包经营权分为承包权和经营权，实现承包权和经营权分置并行”。“三权分置”其要义在于三个方面：

一是明确所有权。中国农村的土地实行的是每一个农村集体经济组织中的农民集体所有制。农村集体土地归本集体经济组织成员集体所有，不同集体经济组织之间的土地所有权边界是清楚的，这是农村土地集体所有制的基本特征，不能改变。在农村土地所有制问题上，习近平总书记的态度非常明确：农村土地制度无论怎么改，都不能把农村土地集体所有制改垮了。这是农村土地制度改革的一条底线。

二是稳定承包权。1978 年的夏秋之交开始，很多地方实行了包产到户和包干到户，到了 1983 年，全国各地普遍实行了家庭承包经营制度，农业的生产经营权回归到家庭，但对承包期限一直没有进行过规范。第一次明确农户对承包的土地提出规范期限的是 1984 年的中央一号文件，在文件中指出农户对耕地的承包期限不应短于 15 年，林地、草地的承包期限则可以更长。这就是中国农村土地的第一轮承包期，也就是如果从 1979 年算起，可以承包 15 年到 1994 年。那到期后怎么办？当时经过反复研究，于 1993 年的中央 11 号文件提出，第一轮农村土地承包 15 年期满之后，再延长 30 年，这等于说两轮承包期加在一起就是 45 年了。

有恒产者有恒心。1998 年底，中央提出要赋予农民长期而有保障的土地使用权，直接推动了《农村土地承包法》的立法工作。《农村土地承包法》开宗明义就提出，立法的目的是为了稳定和完善以家庭承包经营为基础、统分结合的双层经营体制，赋予农民长期而有保障的土地使用权，维护农村土地承包当事人的合法权益，促进农业、农村经济发展和农村社会稳定。土地虽然属于集体所有，也是由集体发包的，但一旦发包后，集体就必须要维护承包方的土地承包经营权，不能随意变更、解除承包合同，而且还要充分尊重农民的生产经营自主权，不能干涉承包方正常进行的生产经营活动。当然，集体经济组织还有监督的义务，譬如说农户承包的土地是不是没有用在农业生产上，有没有撂荒，是否存在破坏土地的行为，等等。

从现在的法律规定来看，耕地的承包期为30年，草地的承包期为30—50年，林地的承包期为30—70年。这个期限，对于一般的农业生产是足够了，但对于保证承包土地的农户对未来的预期而言，好像还不是很充分。2008年，不仅仅是中国北京第一次召开举世瞩目、异彩纷呈的夏季奥运会，而且还是始自农村的中国改革开放30周年。当年召开的中共十七届三中全会的主题就是关于农村改革发展，全会做出了“要稳定农村的3土地承包关系并长久不变”的重大决定。一石激起千层浪，“长久不变”是指什么，如何在政策上落实这个文件表述，成为从当时一直延续到现在的重大课题。当前，关于农村土地承包期限的具体政策还在制定过程中，但无论最终的结果怎样，有一点是肯定的，那就是明确农地承包经营权“长久不变”，一定是向进一步明确“用益物权”的方向靠拢，进一步确认它的财产权属性，国家法律将给予更为严格的保护。

由于农村土地的承包经营权在法律上的地位非常明确，因此在政策上，国家倡导“增人不增地、减人不减地”，法律上规定不能随意调整已经承包给农户的土地，因为这是农户的财产权。但中国各地的农村差异很大，有些地方的城镇化速度比较快，如果将村里的部分农地征收走了，村民之间的利益关系变动就很大，就需要做出一些调整。但村集体调整土地，要走严格的程序。法律上规定，承包期内，因自然灾害严重毁损承包地等特殊情形对个别农户之间承包的耕地和草地需要适当调整的，必须经本集体经济组织成员的村民会议2/3以上成员或者2/3以上村民代表的同意，并报上级行政主管部门批准。所以说，就算是村集体要调整农民的土地也不能想调就调，而必须遵循严格的法定程序。这些法律规定是对农民土地财产权利的有效保护。

三是放活经营权。土地经营权是利用土地从事农业生产经营活动的直接体现。从法律规定和实践来看，实行家庭承包的集体土地的承包方只能是本集体组织的农户，因此家庭承包的土地承包权实际就是本集体经济组织的成员权，能够流转的自然也只能是土地承包经营权所衍生出来的土地的权利，即土地的经营权。放活土地经营权，是发挥市场机制的作用，在一定期限内租赁土地承包方的土地使用权以从事农业生产经营，并获得相应收益。它的深刻之处在于把土地经营权单独从土地承包经营权中拿出来，但并不改变土地承包权仍属于原承包农户的权利，这就把道理跟农民讲清楚了：经营权可以自由流转，承包权长久不变。承包的土地流转出去的只是经营权，原承包农民依然是承包的主体，承包权不会丢掉。这样一来，解除了农民的后顾之忧，让农民心里更为踏实，给农民吃了一颗大的定心丸，给农民稳定享有本集体的土地财产权一个不动摇的信心。

为将农民对承包地的权利落到实处，中国近年加大了全面推进农村集体土地所有权、承包经营权的确权登记颁证工作，并把权属证明落实到集体经济组织和农户。截至2016年底，全国已完成农民土地承包土地确权面积8.5亿亩。出于稳定经营者预期、保护经营者权益等考虑，有的地方还开展了对经营权单独颁证的探索。

习近平总书记2016年4月在安徽小岗村农村改革座谈会上谈到“三权分置”问题时说，“这是我国农村改革又一次重大制度创新，有利于更好坚持集体对土地的所有权，更好保障农户对土地的承包权，更好用活土地经营权，推进现代农业发展”。为什么说“三权分置”是重大制度创新？因为在实践中，农民承包土地经营权的流转早已形成事实，只是在政策上、理论上没有加以概括提炼、表述清楚。这次也旨在进一步健全农村土地产权制度，将其作为一项长久的制度加以执行。因此，“三权分置”是农村基本经营制度的自我完善，符合生产关系适应生产力发展的客观规律，展现了农村基本经营制度的持久活力，有利于明晰土地产权关系，更好地维护农民集体、承包农户、经营主体的权益，有利于促进土地资源合理利用，构建新型农业经营体系，发展多种形式适度规模经营，提高土地产出率、劳动生产率和资源利用率，推动现代农业发展。

3. 推动农村土地征收、集体经营性建设用地入市、宅基地制度改革

除了农地外，农村土地征收、农村经营性建设用地开发、宅基地等方面的权益，也事关农民的切身利益。近年来，中国在以往改革的基础上，正在探索农村土地征收、集体经营性建设用地入市、宅基地制度方面的改革，简称为“三块地”改革。2015 年 1 月，国家有关部门就开展“三块地”改革专门发出文件，新一轮的农村土地制度改革开始试点。

一是维护农民在土地征收过程中的权利。自 1982 年宪法修正案规定“城市的土地属国家所有”后，当农村的集体土地要转为城镇建设用地时，就要实行土地征收的方式。在实行征地制度的初期，农民是满意的。中国 1986 年制定的《土地管理法》规定，对被征地农民实行以就业安置为主、货币补偿为辅的方式。在城乡居民就业、收入、社会保障等存在明显差异的情况下，将农业户口转为非农业户口，农民是求之不得的。但随着中国建设用地的迅速增加和劳动者就业的市场化，以对被征地农民实行就业安置为主的方式就持续不下去了，1998 年修订的土地管理法明确了以货币补偿为主、就业安置为辅的方式。

虽然此后国家一再要求确保被征地农民生活水平不降低、长远生计有保障，并多次提高补偿标准，对征地程序、补偿分配也提出了更为明确和细致的要求，但引发的矛盾却仍然很多。一方面，不少地方走“经营城市”和“土地财政”之路，“低价征地、高价卖地、有限补偿”的现象普遍存在，农民觉得吃亏了。另一方面，被征地农民的就业问题很难靠政府的安排得到较好解决，影响农民生计和农村社会稳定。

针对征地范围过宽、程序不够规范、补偿标准很难让农民满意、农民从社会保障中得到的好处有限、征地款的管理与分配不规范等问题，近年来国家也在推动征地制度改革。一方面，大大提高了补偿标准，很多大中城市的耕地补偿标准都已突破被征收前年均产值的30倍。另一方面，从缩小征地范围、规范土地征收程序、完善对被征地农民合理规范多元保障机制等方面入手，实现被征地农民生活水平得到切实提高。

二是探索建立农民直接参与建设用地开发的机制。长期的实践表明，原来的征地方式代价很大，不仅补偿标准越来越高，而且土地的利用效率得不到应有提高，安置成本也越来越大，而农民却并不满意。一个新的思路则是在国家做好规划的前提之下，有的农村集体土地在转为城镇建设用地时可以不再实行政府征收，土地的所有权仍然属于农民集体组织。这样不仅政府的征地成本大为降低，而且农民也能分享土地的开发收益。这一试点的主要内容是在符合规划和用途管制的前提下，赋予农村组织对已有的集体经营性建设用地出让、租赁、入股等权能，明确农村集体经营性建设用地入市范围和途径，建立健全市场交易规则和服务监管制度。这就意味着，通过完善农村集体经营性建设用地的权能，中国将在构建城乡统一的建设用地市场方面迈出重要步伐。

三是维护和规范农民的宅基地和住房财产权。中国的农村宅基地制度有着这样的基本特征：农村宅基地使用权人必须是本集体经济组织成员，实行一户一宅的福利性土地使用权保障制度，但不得超标；对本集体农户而言，宅基地属于用益物权，是依法取得的农户享有、占有、使用的权利；禁止城镇居民在农村购置宅基地等。而从实践来看，现行的宅基地制度面临这样几个突出问题：由于人口繁衍、子女成婚后单独居住等原因，农村宅基地的占地规模不断扩大，随着人地关系的紧张，“一户一宅”的制度已难以为继；一户多宅、建新不拆旧、严重超指标占用土地、违法违规占用耕地建房等现象较多；由于人口流动、农村劳动力进城就业等原因，一些地方空宅空村现象较多等。为此，要着眼创新农民住宅用地保障机制、加强和规范农村宅基地管理、探索农民宅基地在一定范围内实现价值，创新农村宅基地和住房财产权制度。目前的试点内容主要包括：从各地人地关系的实际出发，既要节约、集约利用土地，又要保障农民住有所居；对超面积占用宅基地实行有偿使用制度；在本集体经济组织内部可自愿有偿退出或转让宅基地；改革宅基地审批制度等。

土地制度的改革，涉及复杂的利益调整。因此，在推动以上三方面的改革试点的同时，国家还将完善兼顾国家、集体、个人的土地增值收益分配机制，并合理提高个人收益。

4. 稳步推动农村集体产权制度改革

中国农村集体经济组织是一个特殊的经济组织形态，其土地的所有权界限对外部社会而言是清晰的，在农村的每个集体经济组织之间，他们的土地所有权界限也是明确的。而对每个农村集体经济组织而言，其土地所有权是属于本集体的成员集体所有的。因此，农村的集体土地所有权如何有效地体现在它的每个成员身上，以保障每个农民的土地财产权利，这始终是农村改革中要解决好的首要问题。农民的土地承包经营权、宅基地使用权都已经确权到户了，这方面的农民权利已经比较清晰了。但是，由集体组织在集体土地上从事经营活动而衍生出的财产及其收入，以何种方式使集体成员公平分享，这仍是需要继续解决好的大问题。近十几年来，集体资产较多的地方纷纷在探索新的运行机制，以形成新的激励机制和约束机制，让集体经济组织焕发出新的发展活力，让农民有更多的获得感。2016 年 12 月，中央就稳步推进农村集体产权制度改革发出文件，明确了改革的方向和重点。从中央的要求和各地的实践来看，改革是在坚持农民集体所有制、坚持农民权益不受损、顺应农民意愿的前提下，以摸清集体家底、明确集体成员权益、健全管理制度为主要内容，以更好维护和实现农民财产权益。

一是全面开展资产清理。对集体所有的各类资产进行全面清产核资，摸清底数。尤其是对未承包到户、容易被少数人控制的资源性资产和经营性资产开展重点清查核实，做到账证相符和账实相符。清产核资后，把资产所有权明确到不同层级的农村集体经济组织，原则上由相应层级的集体经济组织行使所有权，不打乱资源和资产原集体所有的界限。

二是要将经营性资产的收益分配权量化到本集体的每个成员。在原来的运行机制下，集体经济组织的产权对外虽然清晰，但对内却不是那么清楚，容易造成你的我的大家的，到底是谁的就说不太清楚。在这种情况下，就要进一步改革，把农村集体产权的内部关系理清楚，把集体收益的分配关系说明白。

关于收益权的设置，一般以成员在本集体参加生产劳动的时间为主。在政府指导下，坚持公开公平公正，将农村集体经营性资产的收益权以股份或份额的形式量化到集体成员。股权已经设定和分配后，提倡实行不随人口增减变动而调整。由于社区型集体经济组织目前仍具有很强的封闭性和内向性，多数地方虽然允许代表成员分配份额的“股”可在本集体内部转让或者由本集体赎回，但一般不允许转让到本集体组织以外。

至于哪些人属于集体经济组织成员，涉及大量具体问题，如对亡故老人、下乡知青、户口迁出者、转干者、外嫁女、新出生人口、婚后户口迁入者等的划分界定，目前各地的具体做法多种多样。通常来说，可以在遵守国家法律法规，建立比较完善的民主协商机制，统筹考虑户籍、土地承包关系、对集体的贡献等因素基础上，形成一套绝大多数成员都认可的办法。

三是探索农村集体经济组织的有效实现形式。为提高集体资产运行的专业化水平和效率，近年来不少地方在探索将农村集体经济组织的经济功能与村民委员会的自治功能分设的运行机制，有的还成立了经济合作社、股份合作社等专门的运行机构。由于有了以前集体经济组织直接办乡镇企业亏损严重的教训，新型集体经济组织所从事的经济活动，一般以物业租赁、乡村旅游等经营比较稳定的经济活动为主。也有一些在设立集体资产管理委员会的基础上，通过参股控股等方式，参与运行效率较高的企业投资和经营。

第七节　城乡一体化发展体制机制的建立

联合国秘书长安南在2004年世界人居日献辞中指出，“尽管在城市和农村的发展中存在着明显的差别，需要采取不同的干预方法，但是最终可持续发展不会也不应该偏重于一方，而忽视另一方……让我们在理解的基础之上去寻求一条整体发展之路”。[①] 他的这番话对中国

---

① Annan Kofi. The Address for World Habitat Day［A］. http://www.upe-planning.org，2004.

是适用的，中国也是这么做的。在经历了一段以工业化和城镇化为重点的发展时期以后，中国着力构建城乡相互支持、相互促进的整体图景，走上了一条城乡经济社会一体化发展的道路。中共十八大报告指出，城乡发展一体化是解决“三农”问题的根本途径。

1. 走新型城镇化发展之路

城镇化是生产力发展到一定阶段的必然产物，其核心是以产业结构升级和提高经济效益带动人口分布和劳动力就业结构在城乡间的转换。在计划经济体制时期，中国的城镇主要是依托国家的工业项目布局带动劳动力和居民的集中居住而发展起来的。由于经济发展水平不高，加上国家长期采取限制农民进城的政策。到 1978 年时，中国的城镇常住人口为 1.72 亿，人口城镇化率为 17.92%。

改革开放以后，国家的规划仍然起着主导作用，但市场对城镇化的带动力越来越强。推行家庭联产承包责任制之后，农村的乡镇企业加快发展，在 20 世纪 80 年代产生了一批明星小镇。随着改革开放的深入，沿海地区的劳动密集型产业迅速发展，形成了一大批以产业群为基础而发展起来的新城镇。到 1992 年邓小平视察南方并发表重要谈话后，中国明确提出要建立社会主义市场经济体制，经济发展活力迅速增强，城镇化进程明显加快。到 2000 年时，城镇常住人口达到了 4.59 亿人，人口城镇化率达到了 36.22%。

小城镇在沟通城乡经济社会联系中具有不可替代的作用。但在计划经济体制下，小城镇发展明显不足，城镇体系结构不合理的问题日益突出。1998 年召开的中共十五届三中全会明确提出：“发展小城镇，是带动农村经济和社会发展的大战略。”2002 年召开的中共十六大明确提出要在加快城镇化进程的同时，“坚持大中小城市和小城镇协调发展，走中国特色的城镇化道路”。

小城镇的建设，往往采用“政府搭台、企业唱戏”的方式，并与壮大县域经济、发展乡镇企业、推进农业产业化经营、移民搬迁等结合起来同步推进。政府集中人力、物力、财力，加强基础设施建设，并侧重一个或若干个产业吸引企业安家落户，然后形成专业化、集群化、规模化发展格局，对带动人口汇集、产业聚集、就业扩大和农民增收的作用相当明显。1978—2013年，中国的建制镇从2173个增加到20113个，生活在建制镇上的人口超过2亿。近十几年来，中国城镇体系逐步完善，空间布局逐渐优化，初步形成了以大城市为中心，中小城市为骨干，小城镇为基础的城镇体系。到2016年底，中国的城镇常住人口达到7.93亿，人口城镇化率达到57.35%。

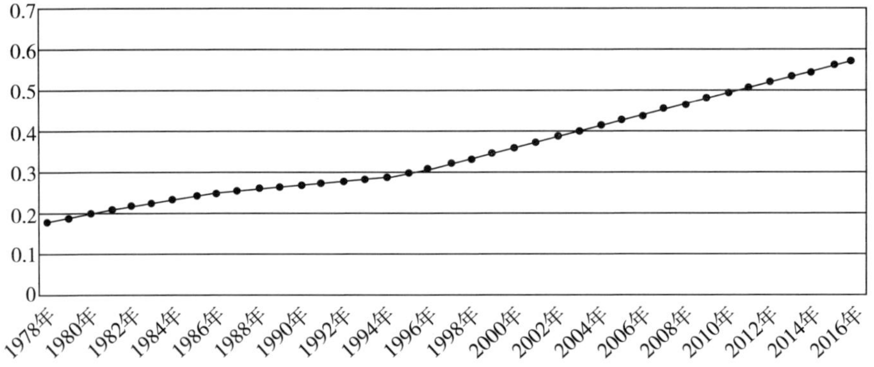

中国城镇化率变化情况

改革开放以来，中国的城镇常住人口增加了6.21亿人，人口城镇化率以平均每年提高超过1个百分点的速度在推进。城镇化发展对于中国经济发展效率的提高、发展方式的转变起到了重要作用，对带动农民转移就业和农村经济社会的发展也起到了巨大的促进作用。尤其是京津冀、长江三角洲、珠江三角洲三大城市群的发展颇为耀眼，这三个地方以占全国2.8%的国土面积，积聚了全国18%的人口，创造了全国 36% 的国内生产总值。

但受传统体制机制、经济发展水平和质量的制约，中国的城镇化存在人口城镇化不完全、集约程度不高、空间布局不合理、城市管理服务水平不高等亟待解决的问题。尽管常住人口城镇化率接近 60%，但拥有城镇户籍的人口在全国总人口中的比重只占 41.2%，常住在城镇中的相当部分人是以农民工为主的流动人口，他们没有当地城镇的户籍，也难以享受当地城镇居民应有的各种公共服务和社会保障。1996—2012 年，城镇建设用地以年均 357 万亩的数量在增加，“摊大饼”式的粗放发展浪费了大量耕地。资源环境承载能力不强的东部地区成为吸纳人口的主要区域，而资源环境承载能力相对较强的中西部地区却是人口净流出地区。由于规划不够科学、发展方式不合理、服务设施不健全、人口在少数几个区域集中等原因，交通拥挤、环境污染、房价高涨、公共服务不到位的“大城市病”的问题已经比较突出。

为稳步提高城镇化水平、提升城镇发展质量、优化人口与产业布局、提升服务能力，中共中央、国务院专门印发《国家新型城镇化规划（2014—2020 年）》。根据这个《规划》，国家在有序推动农业转移人口市民化、优化城镇化布局和形态、提高城市可持续发展能力、改革完善城镇化发展体制机制等方面都将取得重要进展。

2. 将推动新农村建设始终作为现代化进程中的重大任务

“社会主义新农村”一词，早在 20 世纪 50 年代就已提出。在 1982—1984 年中共中央发出的关于指导农业农村工作的文件中，都对新农村建设提出了要求。但在当时的时代背景和客观条件下，社会主义新农村还只是一种美好的憧憬和向往，因此规划和政策并没有对“社会主义新农村建设”赋予明确和具体的内涵。

在全面建设小康社会的关键时期，为落实统筹城乡发展的基本方略，2005年召开的以第十一个五年规划为主题的中共十六届五中全会，首次将建设社会主义新农村作为推动实际工作的一部分重要内容提出，要求从各地实际出发，尊重农民意愿，从生产发展、生活宽裕、乡风文明、村容整洁、管理民主五个方面扎实稳步推进。与以往不同，中共十六届五中全会提出“建设社会主义新农村”不仅是一个目标方向，更重要的是将其作为改变城乡二元结构的一个总抓手，明确提出了建设社会主义新农村是中国现代化进程中的重大历史任务。2006年的中央一号文件对这一重大历史任务进行了全面而具体的部署。为确保社会主义新农村建设健康稳步推进，中央在2006年还专门举办了省部级主要领导干部关于建设社会主义新农村的专题研讨班。胡锦涛总书记强调，“一定要从党和国家工作全局的高度，深刻认识建设社会主义新农村的重要性和紧迫性，增强做好工作的自觉性和主动性，切实担负起建设社会主义新农村的历史重任”[①]。此后中共中央、国务院发出的指导农业农村工作的文件都会根据当时的实际情况提出具体要求。为确保新农村建设健康推进，中央始终注重从以下几个方面把握方向：

一是坚持以发展农村经济为中心。社会主义新农村建设是纲领性要求，生产发展、生活宽裕是基本要义。胡锦涛总书记指出，“解放和发展农村生产力，是建设社会主义新农村的根本任务”。要始终把发展农村生产力放在第一位，大力发展现代农业，全面繁荣农村经济，特别是稳定发展粮食生产，持续增加农民收入。在关于新农村建设的五方面的任务中，村庄整洁是最容易见效的，也容易“一窝蜂”似地出现急功近利的现象。时任总理温家宝强调：改变农村面貌需要进行村庄建设和环境治理，但不能把社会主义新农村建设简单理解为就是村

① 见胡锦涛《建设社会主义新农村》（《胡锦涛文选》第2卷，人民出版社2016年，第412页）。

庄建设；要防止盲目照抄照搬城镇小区建设模式，防止搞不切实际的大拆大建，防止搞劳民伤财的形象工程。

二是坚持量力而行。中国是一个发展极不平衡的国家，不能全国一个标准齐步走。从绝大多数地方的情况来看，农业农村的发展基础还比较薄弱，因此国家提出的总体要求是“生活宽裕”而非“生活富裕”，但这也不妨碍经济发达的地区首先富裕起来。

三是坚持久久为功。新农村建设的根本目的，是要改善农民的生产生活，绝不能再犯上世纪50年代发起“大跃进”的错误。温家宝指出，全国有60多万个行政村，300多万个自然村，各地自然条件和经济文化状况差别很大，改变农村面貌绝不是朝夕之功，不可能一蹴而就。建设新农村的过程是一个与现代化建设同步的过程，需要经过几十年，有些地方甚至需要上百年的艰苦努力。

四是保留农村特色。城镇和农村的发展要统筹起来，但这两者的功能是有明显区别的，农村要有农村的特色。习近平总书记2015年1月在云南省考察工作时强调，“新农村建设一定要走符合农村实际的路子，遵循乡村自身发展规律，充分体现农村特点，注意乡土味道，保留乡村风貌，留得住青山绿水，记得住乡愁”。

五是坚持调动各方面积极性。农民是新农村建设的主体，要依靠农民群众的辛勤劳动建设自己的美好家园。同时，国家要加大扶持力度，调动社会力量广泛参与，形成各行各业都为新农村建设贡献力量的浓厚氛围。

3. 让有条件有意愿的农民进城安居乐业

城镇的挣钱机会更多，生活条件更好，大多数农民也对此更为向往。但由于农民转变为城镇居民的门槛很高，绝大多数农民最初进城务工经商仅仅是为了多挣点钱回家，并不敢想象自己能够成为城镇居民。但时间长了，他们逐步适应了城镇的工作和生活，并成为城镇经济社会发展不可或缺的力量，他们中的相当一部分转为城镇居民的条件也逐步成熟。尤其是20世纪80年代后出生的新生代农民工，他们在农村接受完学校教育以后就直接进入城镇工作，很少有人专门从事过农业，对农村的生活反而不是那么熟悉了，让他们真正融入城镇已经显得很为迫切。

2013年12月，李克强总理在中央农村工作会议上就推动城镇化发展讲到三个“1亿人”的问题，其中的第一个“1亿人”，就是要让已经在城里就业和生活的1亿农民工在城镇落户。目前已经在城镇就业和居住的农民工数量是1.7亿多人，这里提出的是到2020年要先解决1亿人；第二个“1亿”人，就是居住在城镇棚户区的居民，要改善他们的居住条件；第三个“1亿”人，就是让中西部地区的1亿农民转移到中小城市和小城镇去居住。2016年中国制定的第十三个五年规划就对城镇化提出了具体目标。一是提出到2020年常住人口城镇化率要提高到60%。2015年底常住人口城镇化率是56.1%，这表明，2016—2020年五年常住人口城镇化率要提高3.9个百分点，年均提高约0.8个百分点，大概每年要增加900万到1000万的城镇常住人口。第二个指标，是户籍人口城镇化率到2020年要达到45%。2015年是39.9%，2016—2020年要提高5.1个百分点。

让农民变为城镇居民，绝不是简单的户口转换问题。除了就业问题外，关键在于要解决他们的居住、基本公共服务、社会保障、子女上学、社会治理参与等方面的问题。自2006年国务院发出关于解决农民工问题的文件以来，国家不断加大了解决这些问题的力度。

一是建立居住证制度。2014年7月，国务院专门印发了关于推进户籍制度改革的文件，明确要求取消农业和非农业户口的性质区分，建立城乡统一的户口登记制度，并通过建立居住证制度来实施新的人口管理方式，这标志着实施了近60年的城乡户籍藩篱将被打破。根据这个文件，国家全面放开建制镇和小城市落户限制，有序放开中等城市落户限制，合理确定大城市落户条件，并加快了城镇基本公共服务覆盖农业转移人口的进程。

从2016年1月1日起，国务院颁布的《居住证暂行条例》开始施行。依据这个条例，农民离开常住户口所在地，到其他城市居住半年以上，符合在城镇有合法稳定就业、合法稳定住所等条件之一的，就可以按规定申请居住证，并享受在义务教育、基本公共就业服务、基本公共卫生和计划生育、公共文化体育服务、法律援助和其他法律服务、国家规定的其他公共服务，以及办理出入境证件、换领和补领身份证、办理机动车登记、报名参加职业资格考试和申请授予职业资格、办理计划生育服务登记和其他计划生育证明材料等方面的便利。

二是加强对农民工的社会公共服务。尽管农民工在城镇就业，对当地经济的发展起到了重要的支撑作用，但流入地长期对农民工采取“就业吸纳、社会排斥”的方式，农民工在子女教育、公共卫生、计划生育、社会保障等方面，还很难甚至享受不到当地的公共服务。目前，国家为城镇居民提供的各类公共服务至少涉及80余项。因此，实现农民的市民化，是要付出很高成本的①。放开落户限制只是形式上的问题，而提供公共服务却要解决大量实实在在的问题。近年来，国家在改善农民工公共社会服务方面，采取了一系列强有力的举措。

在子女教育方面，以公办学校为主，多渠道安排农民工子女就学，并按照实际在校人数拨付学校公用经费，不加收借读费及其他费用。

① 参见单菁菁《农民工市民化的成本及其分担机制研究》(《学海》，2015年第1期，第183页)。农民工市民化的人均公共成本全国平均为12.9万元，其中东、中、西部城镇分别为17.2万元、10.2万元和10.4万元；人均个人生活和社会成本全国平均为10.1万元／人，其中东、中、西部城镇最低分别为12.6万元／人、8.4万元／人和9.1万元／人。

2014年底，农民工随迁的1294.73万需要接受义务教育的子女中，90%纳入了输入地的财政保障，80%以上在公办学校上学。跨县跨省转学越来越方便，目前国家已经开始解决进城务工人员子女在输入地参加中考和高考的问题。

在医疗卫生方面，把农民工子女纳入当地免疫规划，加强农民工疾病预防控制工作，农民工在异地看病报销难的问题也大为缓解。目前，各地已经将农民工及其随迁家属纳入国家基本公共卫生计生服务体系，国家规定范围内的计划生育、生殖健康、妇幼保健等方面的免费服务项目和免费发放药具等，都已在农民工及其家属中得到严格执行。

在社会保障方面，相关制度已经覆盖到农民工。截至2015年底，农民工中已有4219万人参加失业保险，7489万人参加工伤保险。由于新型农村社会养老保险制度和新型农村合作医疗制度已经在农村普及，农民工既可在家乡参加这两项制度，也可参加其所在城镇的居民基本保险制度。截至2015年底，农民工中已有5585万人参加城镇职工基本养老保险，5166万人参加城镇居民基本医疗保险。

在居住方面，2007年底，有关部门专门制定了关于改善农民工居住条件的政策，用人单位招用的农民工能够获得符合基本卫生和安全条件的居住场所。截至2016年底，全国已有1800多个市县将农民工纳入公租房保障范围。住房公积金制度已经覆盖到在城市有固定工作的农民工，除极少数地方外，农民工在城镇购房已经没有什么限制。

此外，针对农民工的文化娱乐、社会救助等方面的公共服务也明显加强。同时，国家专门制定政策，对不能随农民工一起外出务工经商的留守儿童、老人和妇女，从教育、日常生活、人身安全等方面加强了服务。农民外出务工经商，已经不再像20世纪那样孤独和无助，他们的获得感越来越强，作为当地城镇的主人翁意识也明显增强。

三是明确保护农民工的土地权益。为了加快农民进城落户的步伐，有的地方曾经实施以农民放弃土地承包经营权、林地承包经营权、宅基地使用权为条件，换取在城镇的养老保险、医疗保险、教育、住房、就业等方面公共服务的政策。但结果表明，农民的积极性不高，因为他们担心失去自己的安身立命之本。为了让农民放心进城，这些地方后来也不再实施这样的政策。2014 年国务院的户籍制度改革文件明确规定："现阶段，不得以退出土地承包经营权、宅基地使用权、集体收益分配权作为农民进城落户的条件。"根据《物权法》的规定，农村的土地承包经营权和宅基地使用权属于农民的用益物权，不得以农民进城落户为由而收回。任何组织和个人不得强制或限制承包土地经营权的流转，也不得截留、扣缴或以其他方式侵占土地流转收益。由于与土地有关的这些权利得到了切实保障，现在农民对进城安家落户已明显减少了后顾之忧。

耐人寻味的是，随着新农村建设的深入推动和农村生产生活条件的明显改善，对是否要变成城镇户籍人口，农民考虑的因素也变得复杂起来了。在经济发展水平较高的地区以及城市郊区，不少农民觉得在农村挣钱不少，小孩上学、看病、出行等都比较方便了，农村的环境好，邻里关系融洽，来往亲戚也多，在农村同样也过得很好。这样，农民在进城还是留乡的选择上，就变得更为自主和理性了。

第八节　完善乡村治理机制

中国历来有"皇权不下乡"之说，但这并不是说乡村就没有秩序了。事实上，中国古代一直通过乡里制度对乡村进行治理和控制。尽管不同时期的具体做法不一，但基本都是遵循"什伍相保""什伍连坐"的原则，对全体乡村居民进行编制和管理。乡里组织拥有按比户口、宣布教化、督催赋税、摊派力役、维持治安、司法等职权，实为治民之基。由于乡绅在具体组织过程中起着关键作用，所以中国古代的乡村治理也具有浓厚的乡绅政治色彩，这与中世纪西欧地方主义、近代西方的个体主义明显不同。但不论具体形式如何，历代乡里制度的本质都是剥削和压迫最底层的农民，维持皇权至高无上的统治地位。

新中国成立以来，伴随着整个社会制度的变化，中国的乡村治理机制大致经历了由分散的家户到“工、农、商、学、兵”合一的人民公社体制，再到建立健全村民自治机制的过程。但因为农村铲除了封建地主制度，中国乡村治理的基本性质发生了根本性的转变。作为社会制度的一部分，乡村治理机制是在适应基本政治制度、发展战略、社会管理制度的过程中建立和发展起来的，具有明显的中国特色。

1. 中国特色的政治制度

1949 年，在推翻了帝国主义、封建主义和官僚资本主义的统治取得新民主主义革命的胜利后，中国大陆地区就开始了社会主义改造。到 1956 年，这一改造基本完成，中华人民共和国自此成为工人阶级领导的、以工农联盟为基础的人民民主专政的社会主义国家。在总结经验教训的基础上，邓小平创立了社会主义初级阶段理论，认为这是在生产力落后、商品经济不发达条件下建设社会主义必然要经历的特定阶段。国家在这一阶段的根本任务是，沿着中国特色社会主义道路，集中力量进行社会主义现代化建设。坚持中国特色社会主义政治发展道路，坚持党的领导、人民当家做主、依法治国有机统一，坚持和完善人民代表大会制度、中国共产党领导的多党合作和政治协商制度、民族区域自治制度以及基层群众自治制度。人民代表大会制度是根本政治制度，中国共产党领导的多党合作和政治协商制度、民族区域自治制度以及基层群众自治制度等是基本政治制度。

基层群众的自治制度，是依照宪法和法律，由居民（村民）选举的成员组成居民（村民）委员会，实行自我管理、自我教育、自我服务、自我监督的制度。新中国成立之初，既要肃清一切敌视人民民主专政政权的反动势力的破坏活动，又要充分调动人民群众参政议政的积极性，建立有效的基层治理机制显得比较迫切。

1949 年底到 1950 年初，在一些城市中出现了由群众自己组织起来的防护队、防盗队和居民组等名称不一的群众性自治组织。1950 年 3 月，天津市根据居民居住状况建立了居民委员会，之后在其他地方也出现了类似的组织，并得到了中央的肯定。1954 年 12 月召开的第一届全国人大常委会第四次会议制定并颁布了《城市居民委员会组织条例》，第一次用法律的形式肯定了居民委员会的性质、地位和作用。此后，城市居民委员会在全国各个城市普遍建立起来。改革开放后，城市居民委员会的组织建设得到了全面的恢复和发展。1980 年 1 月，全国人大常委会重新公布了《居民委员会组织条例》。1982 年，宪法明确规定了居民委员会的性质、任务和作用。1989 年 12 月 26 日，《中华人民共和国城市居民委员会组织法》获得通过，城市居民委员会的组织建设进入了一个新的发展时期。与之同时，适应人民公社体制的解体，农村的村民自治制度也发展了起来。

为发展基层民主，畅通民主渠道，开展形式多样的基层协商，推进城乡社区协商制度化、规范化和程序化，2015 年 7 月，国家发出了《关于加强城乡社区协商的意见》。这个文件指出，要按照协商于民、协商为民的要求，以健全基层党组织领导的充满活力的基层群众自治机制为目标，以扩大有序参与、推进信息公开、加强议事协商、强化权力监督为重点，拓宽协商范围和渠道，丰富协商内容和形式，保障人民群众享有更多更切实的民主权利。

2. 不断完善村民自治机制

农民占中国人口的大多数，如何扩大和发展农村基层民主，是中国社会主义民主政治建设的重大任务。人民公社体制解体以后，中国的乡村治理一度出现短暂真空。在这样的情况下，探索建立新的乡村治理机制就显得非常紧要了。

1980 年 2 月，广西宣州市屏南乡果作村村委会诞生，这是中国第一个由村民选举产生的村委会，主要任务是制定村规民约，协助维护社会治安，修建公共设施，管理公共事务。这一农村基层民主组织形式的创举，得到了中央政府的认可和肯定。1981 年，中共十一届六中全会决议确定，“在基层政权和基层社会生活中逐步实现人民的直接民主”。1982 年修改后的宪法第 111 条规定：“城市和农村居民居住地区设立的居民委员会或者村民委员会是基层群众性自治组织，居民委员会、村民委员会的主任、副主任和委员由居民选举。”1983 年，国家要求在撤销人民公社和建立乡政府的过程中建立村民委员会。到 1985 年，村民委员会普遍成立起来。1987 年，全国人大常委会通过了《中华人民共和国村民委员会组织法（试行）》，于 1988 年 6 月 1 日起试行。全国各地随后普遍制定了相配套的法律法规，初步形成了关于村民自治的法律制度体系，推动了在农村基层社会实行村民自治的实践。

1997 年 9 月，中共十五大第一次将“民主选举、民主决策、民主管理、民主监督”作为村民自治活动的四项基本内容写入党代会报告。中央还就健全村务公开和民主管理制度发出文件，要求在村民委员会选举中要保障村民的推选权、选举权、直接提名权、投票权、罢免权，保障村民在农村事务管理中要有知情权、决策权、参与权和监督权这四项权利。村民自治制度的建立和发展，使得广大农民能够直接行使民主权利，能够依法办理自己的事情，已经成为中国社会中的一项基本政治制度，具有重大而深远的意义。

目前，农村的行政村基本上都已建立了村民会议或者村民代表会议制度，绝大多数每年至少召开一次民主议事会议。村民委员会实行任期三年的制度。各地按照法律法规的要求每三年进行一次民主选举，候选人竞职演讲、治村演说等形式普遍实行，公平、公开、公正的竞选机制不断完善。截至 2015 年底，中国基层群众自治组织共计 68.1 万个，其中村委会 58.1 万个，村民小组 469.2 万个，村委会成员 229.7 万人。按照每年全国有 1/3 的村（居）委员会进行改选的安排，2015 年，全国共有 16.5 万个村（居）委会完成选举，参与选举的村（居）民登记数为 2.1 亿人，参与投票的人数为 1.6 亿人。与之同时，各地积极探索推进村民自治健康发展的有效途径和客观规律，党组织领导下的村民自治制度的活力不断增强。

一是村务监督委员会普遍建立。村级财务不规范，甚至出现村干部贪污，是农民非常不满意的事情。为解决这一问题，浙江省武义县后陈村最先进行了探索。基本的办法是建立村务监督委员会这一机构，实施村务管理和村务监督两项制度并行。为避免监督流于形式，该村规定村务监督委员会及成员的候选人不能是村“两委”成员及其父母、配偶、子女、兄弟姐妹等直系亲属。2004 年 6 月 18 日，该村选举产生了第一任村监会主任。村务监督委员会运行起来以后，后陈村由纠纷不断的问题村变成了全国民主法治先进村。在习近平总书记的亲自推动下，这一制度目前已经在全国普遍实施。

二是村民自治的区域范围更加适合当地情况。目前的村民自治区域范围，是按照人民公社体制时期的生产大队范围（区域相当于后来的行政村）来确定的。但几十年过去了，情况发生很大变化，例如有的地方变为城镇，农民的聚集程度更高了；有的地方撤乡并镇并村，村的范围变动了；有的行政村设置范围原本过大，很难建立真正意义上的自治机制，等等。针对这一情况，各地一直在进行探索。有的地方将自治范围扩大，并向城镇街道治理的方式转变。有的地方增加自治层级，增强上下沟通的能力。有的地方将自治范围缩小，将自治层次下沉。对这些探索，国家都采取鼓励和支持的态度。例如，在总结广东省清远市、湖北省秭归县等下沉自治机制经验的同时，国家还专门制定了以村民小组或自然村为基本单元的村民自治试点的方案。

三是自治组织形式更加灵活多样。随着农村经济社会结构的变动，农村的经济组织、民间组织和社会组织，例如合作社、专业技术协会、村民议事组织、理财小组、红白理事会以及各类社会组织等，在农村治理中发挥着越来越重要的作用。对这些组织，只要在国家法律法规规定的范围内活动，国家都是允许、鼓励和支持的，农村各类经济社会组织近年呈现出蓬勃发展的景象。

3. 不断创新完善农村社会管理

经过长期探索和实践，中国建立了比较健全的社会管理领导和管理组织网络，这是改革开放以来农村社会之所以能够保持基本稳定的重要支撑。但在经济社会结构快速变迁的过程中，保持农村社会和谐稳定的难度明显加大。改革开放以来，伴随城乡区域关系、农村经济和社会结构、利益关系、思想观念等的深刻变化，传统的社会管理模式不适应的问题不断显现出来。一个基本的特征是，国家与农民的纵向关系减弱以及市场经济的渗透，有相当部分的农村地区在国家控制消退的过程中并未形成新的整合机制，而出现了“原子化”的现象。这使得农村的社会管理面临新的挑战。如何建设与社会主义市场经济体制相适应的农村社会管理体系，是农村改革发展过程中重大而紧迫的课题。中共十七大报告要求："建立健全党委领导、政府负责、社会协同、公众参与的社会管理格局。"中共十七届三中全会强调，要坚持服务农民，依靠农民，完善农村社会管理体制机制。2011年，中共中央第一次就加强社会管理创新专门发出文件，要求积极推进社会管理理念、体制、机制、制度、方法创新，完善社会管理格局，加强社会管理法律、能力建设，完善基层社会管理服务。适应农村经济社会发展、城乡关系日益加强、区域联系日益增加的要求，近年来各地在农村社会管理方面的创新明显加快。

一是便民服务工作得到明显加强。近年来，国家日益健全农业补贴、社会养老金、最低生活保障金、医疗补助金、救助款等发放网络，农民受益越来越多，获得各项补贴补助越来越直接和方便，极大地赢得了民心，深受农民欢迎。经过长期努力，各地基本上建立了比较完善的人口、就业方面的服务体系，为促进数量巨大的农民工就业和农民增收、改善农村民生起到了越来越重要的作用。在婚姻登记、户籍办理、计划生育、房屋修建等方面，农民获得服务越来越便捷，政府管理也日益规范。

二是社会治安工作得到明显加强。农村司法、派出所（警务室）等机构体系比较健全，在村党支部领导下，基干民兵、共青团、妇联等组织的作用得到有效发挥，治安联防群防群治队伍普遍建立，农村的综合治理工作得到明显加强。"扫黄打非""打黑除恶"等专项整治行动有序展开，社会环境得到明显净化。

三是矛盾调处工作得到明显加强。围绕土地承包、土地征用、房屋拆迁、生态环境、宗教等敏感、突出问题，国家在制定健全法律法规、加强机构建设、完善工作机制、制定具体措施等方面取得了显著成效，各地普遍加大了社会矛盾调处力度，预防和化解了大量社会矛盾。尤其是长期占农民信访问题绝大多数的土地承包经营权、土地征收这两个问题，随着国家在稳定完善农村土地承包经营制度、提高农民征地补偿水平方面采取的措施越来越实，政策界限越来越明确，矛盾已经明显得到缓解。总体来看，近年农村的社会冲突和矛盾明显减少，是新中国成立以来农村社会最为稳定和谐的时期之一。

第九节　对中国农业农村未来发展的展望

中国古人讲，凡事预则立不预则废。改革开放之初，中国共产党对国家的发展做出了战略安排，提出“三步走”战略目标：首先，解决人民温饱并在20世纪末使人民生活总体上达到小康水平；到建党100周年时，也就是到2020年，建成经济更加发展、民主更加健全、科教更加进步、文化更加繁荣、社会更加和谐、人民生活更加殷实的全面小康社会；在这个基础上再奋斗30年，到中华人民共和国成立100周年，即2050年时，基本实现现代化，把中国建设成为社会主义现代化国家。

2017年10月18日，中国共产党第十九次全国代表大会在北京开幕。这标志着以习近平同志为核心的党中央接过了历史的接力棒，开启了中国特色社会主义新时代。习近平在中共十九大上所做的报告，描绘了全面建设社会主义现代化强国的宏伟蓝图。明确了从2020年到2035年，在全面建成小康社会的基础上，再奋斗15年，基本实现社会主义现代化。从2035年到本世纪中叶，在基本实现现代化的基础上，再奋斗15年，把我国建成富强民主文明和谐美丽的社会主义现代化强国。到那时，中国的物质文明、政治文明、精神文明、社会文明、生态文明将全面提升，实现国家治理体系和治理能力现代化，成为综合国力和国际影响力领先的国家，全体人民共同富裕基本实现，中国人民将享有更加幸福安康的生活，中华民族将以更加昂扬的姿态屹立于世界民族之林。这是中国未来30多年发展的大战略、路线图，中国农业农村的发展也要在这个大的国家战略的指引下，进行通盘考虑、统筹规划，并扎实推进。

1. 解决好“三农”问题仍是全党工作的重中之重

中国人口之众和国土之大、直接和间接从事农业的人口之多，决定了即使在可预见的未来，农业仍然是中国最重要的基础性产业，农民问题仍然是中国发展中面临的最大问题，农村仍然是数亿人赖以生存发展的家园。人民对美好生活的向往是中国共产党的奋斗目标，增进民生福祉是中国经济社会发展的根本目的，而农业农村农民问题是关系国计民生的根本性问题。正如习近平主席提出的那样，“中国要强农业必须强，中国要美农村必须美，中国要富农民必须富。要坚持把解决好‘三农’问题作为全党工作重中之重，加大推进新形势下农村改革力度，加强城乡统筹，全面落实强农惠农富农政策，促进农业基础稳固、农村和谐稳定、农民安居乐业”。

当前，中国国内各项事业发展形势很好，尤其是经济形势不断改善，这也容易产生一种忽视“三农”的倾向，觉得GDP中农业所占的比重在不断下降、农业人口在总人口中的比例也在不断下降，城镇化进程的快速推进让人们信心倍增，觉得“三农”问题不再是这个国家中具有全局性的重要问题。但当前中国还有将近6亿常住农村的人口，这还不包括已进城务工、经商但户籍还在农村的人口，这比1949年建国之初的4.84亿农业人口，不仅没有减少，还多了1亿人。所以，在这样的背景下，十九大报告强调，在当前和今后相当长时期内，仍必须始终把解决好“三农”问题作为全党工作重中之重。这是符合我国国情的，也是今后党和政府处理好农业农村发展问题的重要指针，在任何时候都不能忘记，必须好好坚持。

为此，党的十九大对下一步中国农业农村发展，从国家层面明确提出了“乡村振兴战略”，并被写进党章，这是中国今后一个时期农业农村发展的大战略，也是重新塑造城乡关系格局的大手笔，为近6亿中国农村人口擘画了宏伟而美好的蓝图。2018年中央一号文件的主题就是《关于实施乡村振兴战略的意见》，提出要建立健全城乡融合发展体制机制和政策体系，统筹推进农村经济建设、政治建设、文化建设、社会建设、生态文明建设和党的建设，加快推进乡村治理体系和治理能力现代化，加快推进农业农村现代化，走中国特色社会主义乡村振兴道路，让农业成为有奔头的产业，让农民成为有吸引力的职业，让农村成为安居乐业的美丽家园。今后，要坚持农业农村优先发展，按照“产业兴旺、生态宜居、乡风文明、治理有效、生活富裕”的总要求，从农村自身的产业发展、农民居住的生态环境、农村社会的乡风民俗、农村基层的社会治理，以及为农民提供更加充实便捷的公共服务等方面全方位着力，设计制定各类强农惠农富农的政策措施。优先发展，就意味着要把农业农村发展的地位放得很高，这和实现强国目标是有密切关系的。上面所说的五句话，和2005年党的十六届五中全会提出的“生产发展、生活宽裕、乡风文明、村容整洁、管理民主”社会主义新农村建设的五句话比较，能看出国家对未来中国农业农村发展的要求更高了。除了“乡风文明”这句没变；原来的“生产发展”，现在是“产业兴旺”；原来的“村容整洁”，现在是“生态宜居”；原来的“管理民主”，现在是“治理有效”；原来的“生活宽裕”，现在是“生活富裕”。这是对农业农村发展提出的更高要求，也是与时俱进、非常符合中国农村发展实际的。要实现这些目标，就要建立健全城乡融合发展体制机制和政策体系，加快推进农业农村现代化，全面提升中国农业农村的发展水平。

2. 农业农村的基本制度要保持稳定并不断创新完善

中国的农村基本经营制度是实现农业农村现代化的根本保障。在可预见的将来，中国人多地少、主要农产品供求紧平衡、仍然有众多农业人口生活在农村的状态不会得到根本转变，这就是中国农业发展所依托的基本面。在这种情况下，制度供给方面，要立足中国这些最大的基本国情和农情，在农村改革发展进程中，继续坚持现有的基本制度，要把农村基本经营制度巩固好、完善好。

这方面，十九大报告已经明确提出了要求和方向，那就是要巩固和完善农村基本经营制度，深化农村土地制度改革，完善承包地“三权”分置制度。保持土地承包关系稳定并长久不变，第二轮土地承包到期后再延长 30 年。这句话对于农民来说意义重大，基本经营制度关系到他们的切身利益，党的政策就是要让农民吃上“定心丸”，要让农民对我们党实行的农村基本经营制度有信心，所以特别强调要“巩固和完善”。近年来，在工业化和城镇化的带动下，农业和农村经济发生了很多变化，许多地方的农业经营主体发生了变化，农业经营形式也在发生变化。也要看到，尽管农业农村有了很大发展，但到 2016 年底，土地流转的面积也只占农民承包土地的 35% ，仍有 65% 的承包土地还是农民自家在经营，这是基本态势。可以肯定，中国农村的土地流转、集中和规模经营还会向前推进，但要真正改变农村耕地由小农户分散经营的局面，是需要条件和时间的。在这个过程中，如何保障广大农民的最根本利益、满足农民群众的基本要求，必须给农民一个明确的答复。所以，这次明确提出“第二轮土地承包到期后再延长 30

年”，这项政策是受到农民欢迎的。1984 年土地承包提出了 15 年不变，1993 年又提出第一轮承包结束后再延长 30 年不变，这次是第三次。为什么二轮承包到期后是再延长 30 年呢，因为 30 年和我们实现强国目标的时间点是非常契合的，就是从现在开始到本世纪中叶还有 30 多年，到建成社会主义现代化强国时，可以根据那时的情况再研究新的土地制度。我们党的土地政策是长期稳定的，保持土地承包关系稳定并长久不变，对于巩固和完善农村基本经营制度非常重要，是要牢牢坚持和把握住的。

影响中国农村未来发展的另外一个大的制度设计，就是农村的集体产权制度。今后深化农村集体产权制度改革，最重要的是要保障农民财产权益，壮大集体经济。深化农村集体产权制度改革很早就提出了，也一直在向前推进。但是，过去比较侧重于讲增加农民财产性收入。甚至有观点认为，深化农村集体产权制度改革是不是要分集体的家当、分集体的财产，把农民集体经济组织的财产分到个人头上？十九大报告明确未来的改革方向不是这样的，而是要强调保障农民在农村集体经济组织中的财产权益，要保障集体经济组织的收益能够落实到每一个集体成员身上，而要做到这一点并不断增强农村集体经济组织对农民的吸引力、凝聚力，最根本的还是要壮大集体经济。中国农村的集体经济是具有中国特色的制度安排，是广大农民最终实现公平公正和共同富裕的制度保障，也是中国社会主义制度体系的重要组成部分。习近平主席曾经讲过，“不管怎么改，都不能把农村土地集体所有制改垮了，不能把耕地改少了，不能把粮食生产能力改弱了，不能把农民利益损害了”。可以说，没有中国农村的集体经济制度，中国特色的社会主义制度也是不完整的，中国农民的公平公正也是不可持续的。从这个角度讲，未来的中国农村集体经济只能不断壮大发展，而不能被瓦解乃至消亡。

此外，还要构建现代农业产业体系、生产体系、经营体系，完善农业支持保护制度，发展多种形式适度规模经营，培育新型农业经营主体，健全农业社会化服务体系，实现小农户和现代农业发展有机衔接。从中国的实际来看，小农户还会在相当长时间内存在，我国承包集体土地的农户毕竟有 2.3 亿户，全部或部分流转了承包土地经营权的农户约占 30%，还有约 70% 的农户仍在经营自家的承包地，所以很长时间内，一家一户小规模的分散经营还是不可避免的。关键是在农业现代化进程中怎么把这种分散的小规模的经营纳入到农业现代化的轨道中去，而不是迫使他们离开土地，否则就会产生更复杂的社会问题。小农户和现代农业发展有机衔接，完全符合中国的国情、农情和我们现在所处发展阶段的实际情况。而所有这些都需要一系列制度上的设计、创新和完善，为今后中国农业农村发展提供良好的制度保障。

3. 在保障粮食安全的基础上加快推进现代农业

中国是一个人口大国，13 亿人的吃饭问题永远是最大的事，无论今后农业怎么发展，保证人民的食物供给是经济发展和社会稳定的根本前提，也是治国理政第一位的大事。因此，“确保国家粮食安全，把中国人的饭碗牢牢端在自己手中”，仍然是我们今后做好“三农”工作的首要任务。现在的情况是，中国的粮食自 2004 年以来连续十几年一直保持丰收，2016 年虽然略有减产，但产量仍然不低，2017 年也是历史上产量第二高的年份。因此社会上有一些议论：粮食库存很高，粮食生产成本高、收益低、补贴多，等等。在是不是要打这么多粮食、是多进口一点还是少进口一点这些问题上又出现了争议，但是坚持粮食基本自给在未来仍然是中国的一项基本国策，这一点丝毫不会动摇。

中国未来的农业发展必然要实现现代化。现代农业的概念和内涵很丰富，但至少要实现两个方面的进步，一是农业生产效率的大幅提升；二是农业生产的绿色可持续和生态友好。正如舒尔茨在《改造传统农业》中讲到的，改造传统农业的关键是要引进新的现代农业生产要素，向从事农业的人力、物质和科技资本投资，从而使农业成为经济增长的源泉。其中非常重要的是技术变化。当前，我们正处在第四次工业革命[①]的浪潮中，已经掀起了以互联网产业化、工厂智能化、工业一体化为代表，以人工智能、清洁能源、无人控制技术、量子信息技术、虚拟现实以及生物技术为主的全新技术革命，而这些技术终将逐步被融入和运用到农业中去。从目前的中国农业发展看，农业机械化水平在不断提高，农业物联网已经在深入实践，无人机施肥打药逐步成为常态，生物技术不断培育出新的作物品种，农业与休闲、旅游等其他产业相结合的新型业态也开始如雨后春笋般蓬勃发展。中国农业是开放与包容的，拥抱新技术的热情是巨大的。中国提出要建设创新型国家，要将创新作为建设现代化经济体系的战略支撑，也必将更加自觉地把更多现代技术和手段运用到农业中去，未来农业已经快速地来到我们身边。今天，已具有智能化植物工厂雏形的设施农业在中国正在发生，海水稻、巨人稻等一批具有战略价值的口粮新品种已在培育，航天遥感、灾害防控等天地一体系统建设不断推进，生物技术、信息技术、新材料新工艺在农业中的运用和产业化正在深刻改变着中国农业的面貌。

更为重要的是，新技术的发展和介入改变了农业在生产、运销等方面的要素构成，以致在更深层次和更广领域逐步改变着农业产业的运行模式，而农业运行模式的改变也将改变着人在农业中的角色，进

① 第一次工业革命是以蒸汽技术突破为代表，第二次工业革命是以电力技术的出现为特征，第三次工业革命是以信息技术的发展为特征。

而推动农业经营制度的变革，这也得以让我们打开了更为深刻认知农业、认知自然界能量循环以及认知人与自然关系的思维空间。在中国发展的新时代和农业发展的新阶段，推进新的农业科技革命，实现技术跨越，加速农业由注重数量向更加注重质量效益的方向转变，由粗放发展向更加注重绿色环保生态的方向转变，重点解决好保障国家粮食安全、优化农业农村经济结构、提高农业效益、增加农民收入、改善农村生态环境等方面的重大科技问题。在这个过程中，既要加大政府的支持力度，又要充分发挥市场机制作用，调动企业、农民等社会力量的积极性、创造性，形成政府主导的多元化的新型农业科技创新体系，做好适用技术的组装配套和推广工作，从整体上提升中国农业的供给能力、综合效益和市场竞争力。

现代农业需要现代的农民。当前中国农民的整体素质还不高，而中国现代农业的实现，离不开一支高素质的农业生产经营者队伍，今后要加快构建职业农民队伍，不断提高农民运用现代农业知识、现代科技手段，懂经营、善管理的能力。这就需要从技能、就业、营销等多方面加大对农民的培训，让他们能够适应现代农业的发展要求。

4. 努力建设一个传统与现代交织融合的新农村

在中国，农村既是农民赖以生产生活的家园，也是中华传统文化的传承之地；既是人与自然接触最为直接的生态绿野，也是国家治理中最基层的社会单元，有着超乎寻常的重要性和复杂性，农村的发展变化对中国整体的经济社会都会产生潜移默化但深远而重大的影响。下一步，要按照建设美丽中国的目标要求，进一步发掘农村在生产、生态、精神、文化等方面的多功能性，建设社会主义生态文明，让中国农业农村发展具有可持续性，更为绿色环保生态，满足人民对农业农村多方面多层次的需求。

建设中国特色的美丽乡村，首先从改善农村的人居环境开始。联合国在 1985 年 12 月将每年 10 月的第一个星期一定为世界人居日，希望世界各国政府和社会关注人口迅速增长压力下的人居问题。当前，全世界人类住区（城镇和乡村）有 10 多亿人缺少住房或居住条件十分恶劣，至少有 1 亿人无家可归，有 6 亿人生活在各种危害健康和生命的环境中。而在中国，目前为止还有近 6 亿人生活在乡村，无论从哪个角度看，改善他们的生活环境问题是中国政府面对的一件大事，也是亿万农民群众对良好生活条件的诉求和殷切期待。中国目前已经将改善农村人居环境作为一项重要的政府工作加以推进，从推进农村生活垃圾、生活污水治理等最基本的需求作为突破口，加大村庄环境整治，建设宜居村庄，慎砍树、禁挖山、不填湖、少拆房，保护乡情美景，弘扬传统文化，突出农村特色和田园风貌，让农民也能享受到现代社会的居住条件。争取到 2020 年，全国农村居民住房、饮水和出行等基本生活条件明显改善，人居环境基本实现干净、整洁、便捷，建成一批各具特色的美丽宜居村庄。在未来，中国的农村不仅要环境整洁、生态宜居，而且农民要有良好的精神面貌，乡风要文明，把“要农民治理”变成“农民要治理”，提高农民的参与度和获得感。让一些具有地方特色的乡村文化传统、习俗可以得到有效的传承和发扬，真正把乡村建设成为人们的精神家园。

中国的农村有着很多不同于城市的特点，村庄既是村民生活的共同体，也是一个经济组织的共同体、文化的共同体，交织着政治、经济、文化、社会、生活、生态等方方面面内容，可以说，一个村庄就是一个中国社会的缩影，能把中国的乡村治理好着实不是一件容易的事情。目前，中国的乡村实行的是村民自治制度，也是中国社会治理的基础性制度，主要有两个重点环节，一是村级选举；二是村级治理。

从上世纪 90 年代以来，村级群众自治组织的民主选举制度已经全面覆盖，但在乡村治理的机制上还有许多需要完善的地方，特别是在民主管理、民主决策和民主监督等方面，还要继续探索建立自下而上的村民民主决策机制，以多数群众的共同需求为导向，推行村内事要“村民议村民定、村民建村民管”的实施机制。中共十九大报告提出的乡村振兴战略，要求农村社会“治理有效”，就是要从中国各地乡村众多、风俗不同，形态不同、构成不同的实际，将乡土的非正式规则与国家制度的正式规则对接好，逐步从传统的乡村治理向现代社会治理制度转型，因地制宜地找出一条适合中国乡村治理的道路。从实现路径上看，一要加强基层组织能力建设，不断夯实乡村基层治理的组织基础，增强党组织的战斗力和影响力；二要积极发展农民合作组织，通过村社组织的建设解决基础性和公益性设施和公共服务的供给问题，对于经营性、专业型的设施或服务，可利用市场机制建立多种形式的组织来实现。此外，还要加大公共财政的支持力度，对提供公共事务探索多种模式。强化法治、德治和文化教育。法治是乡村稳定有序的基石，不断增强农民的法律意识，完善基层群众自治制度，是农村长治久安的根本途径。而德治和文化是乡村社会和谐的凝聚力，不断提高农民的道德文化素质，丰富农村的精神文化生活，对于改善农村风貌具有特殊重要的意义。

5. 中国农民要生活得更加富裕和更有尊严

中国的发展归根到底是为了人的全面发展，没有了人民的幸福安康和认可认同，经济社会的发展也就失去了其最根本的意义。党的十九大报告指出，坚持以人民为中心，坚持立党为公、执政为民，践行全心全意为人民服务的根本宗旨，把人民对美好生活的向往作为奋斗目标。多谋民生之利、多解民生之忧，在幼有所育、学有所教、劳有所得、病有所医、老有所养、住有所居、弱有所扶上不断取得新进展，深入开展脱贫攻坚，保证全体人民在共建共享发展中有更多获得感，不断促进人的全面发展、全体人民共同富裕。在乡村生活着的近6亿人当然是中国大家庭不可或缺的一部分，他们生活得富不富裕、高不高兴，直接关系到中国全面小康社会建设的成败。习近平主席有句话，叫做“小康不小康，关键看老乡”，意思是说在中国能不能实现全面小康社会，主要看农民能不能实现生活的小康。

今后不仅要把城市建设好，还要把乡村建设好，让城镇的公共基础设施继续向农村延伸，建立健全城乡融合发展的体制机制和政策体系，让农民在农村就能享受到和城市里差不多的公共服务，特别是关系到农民切身生活的用水、用电、道路、燃气、住房、广播电视以及宽带互联网服务等。通过这些基础设施的建设和改善，与城市相比，在农村生活的优势开始逐步显现，这里不但天更蓝水更绿、食物更新鲜、生活更休闲、与自然更亲近，而且开始适合创业就业和新业态新产业的发展，“让城里人更加向往农村”的梦想不再遥不可及。随着新农村建设和乡村振兴战略的实施，中国农村的面貌将得到大幅改善，农村对人的吸引力也会不断提升，城乡之间的空间距离会不断缩短，人员、信息、文化等社会交流不断增加，城市与乡村的公共服务也将进一步一体化，中国的城镇化进程甚至都将因此而产生新的变化。

农民的增收问题也是今后要重点关注和解决的大事情。下一步要“促进农村一二三产业融合发展”，尤其是要“支持和鼓励农民就业创业，拓宽增收渠道”。如何增加收入、早日过上美好生活，是农民最大的关切。从目前情况看，农民的增收问题遇到了比较大的压力。这几年，城乡居民收入增长都很快，但是直到2016年，城镇居民的人均年收入是33616元，农民的人均年收入是12363元，城镇居民的人均收入仍然是农村居民的2.72倍，虽然相对差距比上年缩小了0.01，但收入的绝对差距却扩大了1480元，而且这种扩大的趋势并没有得到逆转。究其原因，一个是农产品价格下跌，特别是粮食价格跌得比较厉害；一个是城市化进展到现在，农民外出务工、经商的就业空间也不像前几年那么容易扩大。这几年，农民新增外出就业的人数增幅是下降的。所以，无论是建设全面小康社会，还是实现社会主义现代化，保证农民增收都是必须抓好的一个要点。今后促进农村一二三产业融合发展，就是要大力拓展农民就业创业空间，拓宽农民的增收渠道，就是要给农民带来实实在在好处。

要让农民生活得更美好、更富足，很重要的是做好对农民的公共服务和基本社会保障工作，譬如义务教育、医疗服务、最低生活保障、养老等方面的制度安排。只有做好这些公共服务和最基本的社会保障服务，农民才会放心，才会安心，农民才能生活得更有底气、更踏实。下一步要继续完善农村义务教育免费制度和经费保障机制，提高保障水平，推进义务教育学校标准化建设，着力推进义务教育均衡发展。按照“大病不出县、小病不出社区”的要求，继续加强以县级医院为龙头、乡镇卫生院和村卫生室为基础的农村三级医疗卫生服务网络建设。巩固提高新型农村合作医疗参合率，逐步提高人均筹资标准和财政补助水平，逐步实现跨省异地就医结算，为农民群众提供更加便捷的医疗服务。稳步提高新型农村社会养老保险基础养老金、农村最低生活补助标准。适应人口老龄化趋势，鼓励有条件的地方发放高龄老人生活补贴和对家庭经济困难的老年人给予养老服务补贴，提高供养标准。在巩固全覆盖的基础上，新型农村社会养老保险要与城镇居民社会养老保险制度合并实施，逐步推行全国统一的社会保障卡并做到信息共享。

实现基本公共服务均等化，是社会公平正义的鲜明体现，也是城乡居民的热切期盼。在城乡经济社会发展一体化的过程中，只要我们始终秉持公平正义的理念，不断加大对农村公共服务的投入和工作力度，这个目标就一定能够实现，中国的农村就一定会变得更好，农民的生活就一定会更加幸福，作为一位农民就一定会更有尊严。

参考文献

［1］阿诺德·汤因比．历史研究［M］．上海：上海世纪出版集团，2005.

［2］李根蟠．中国古代农业［M］．北京：中国国际广播出版社，2012.

［3］Mark B.Tauger．世界历史上的农业［M］．北京：商务印书馆，2015.

［4］陈文华．农业考古［M］．北京：文物出版社，2005.

［5］张云华．读懂中国农业［M］．上海：上海远东出版社，2015.

［6］杜润生．杜润生改革论集［M］．北京：中国发展出版社，2008.

［7］杜润生．中国农村制度变迁［M］．成都：四川人民出版社，2003.

［8］陈锡文．中国农村改革：回顾与展望［M］．天津：天津人民出版社，1993.

［9］《当代中国》丛书编辑委员会．当代中国的农业［M］．北京：当代中国出版社，1992.

［10］陈锡文，赵阳，罗丹．中国农村改革30年回顾与展望［M］．北京：人民出版社，2008.

［11］陈锡文，赵阳，陈剑波，罗丹．中国农村制度变迁60年

[M]. 北京：人民出版社，2009.

[12] 尤瓦尔·赫拉利. 人类简史[M]. 北京：中信出版社，2015.

[13] 李根蟠. 农业科技史话[M]. 北京：社会科学文献出版社，2011.

[14] 杜润生. 中国农村改革决策纪事[M]. 北京：中央文献出版社，1999.

[15] 冯开文，李军. 中国农业经济史纲要[M]. 北京：中国农业大学出版社，2014.

[16] 吴存浩. 中国农业史[M]. 北京：警官教育出版社，1996.

[17] 杜青林，孙政才. 中国农业通史[M]. 北京：中国农业出版社，2009.

[18] 国风. 中国农业的历史源流[M]. 北京：经济科学出版社，2006.

[19] 祖田修(日). 近现代农业思想史[M]. 北京：清华大学出版社，2015.

[20] Michael Woods，Mary B.Woods. 古代农业技术[M]. 上海：上海科学技术文献出版社，2015.

[21] 张征. 中国农村土地制度选择：稳定与变动[M]. 北京：北京科学技术出版社，2010.

[22] 富兰克林·H. 金. 四千年农夫[M]. 北京：东方出版社，2011.

[23] 袁明宝，朱启臻，赵扬昕. 农业文化视角下的循环农业发展变迁及其反思[J]. 华中农业大学学报，2013(3)。

[24] 经济日报出版社. 中国经济通史[M]. 北京：经济日报出版社，2007.

[25] 罗丹，陈洁. 新常态时期的粮食安全战略[M]. 上海：上海

远东出版社，2016.

[26] 中央文献出版社. 十八大以来重要文献选编 [M]. 北京：中央文献出版社，2016.

[27] 人民出版社. 中共中央国务院关于“三农”工作的一号文件汇编（1982—2014）[M]. 北京：人民出版社，2014.

[28] 宋桂兰. 建国初期党稳定物价的斗争 [J]. 理论导刊，1995（5）。

[29] 张祖国. 建国初期稳定物价的斗争 [J]. 上海经济研究，1991（3）。

[30] 袁珂. 中国神话传说 [M]. 人民文学出版社，1998.

图书在版编目（CIP）数据

读懂中国农业农村农民 / 陈锡文编著．—北京：外文出版社，2018.3
（读懂中国）
ISBN 978-7-119-11429-3

Ⅰ．①读… Ⅱ．①陈… Ⅲ．①三农问题—研究—中国 Ⅳ．①F32

中国版本图书馆 CIP 数据核字（2018）第 045808 号

本丛书列入国家社会科学基金重大委托项目和
《“十三五”国家重点图书、音像、电子出版物出版规划》项目

出版策划：国家创新与发展战略研究会
出版指导：陆彩荣 徐 步
出版统筹：胡开敏 于 瑛 曾惠杰

责任编辑：杨春燕 刘倩雯
装帧设计：柏拉图创意机构
印刷监制：冯 浩 章云天 秦 蒙

读懂中国农业农村农民

陈锡文 **编著**

© 外文出版社有限责任公司

出 版 人：胡开敏
出版发行：外文出版社有限责任公司
地 址：中国北京西城区百万庄大街 24 号 **邮政编码：**100037
网 址：http://www.flp.com.cn **电子邮箱：**flp@cipg.org.cn
电 话：008610-68320579（总编室） 008610-68996177（编辑部）
008610-68995852（发行部） 008610-68996183（投稿电话）
制 版：北京杰瑞腾达科技发展有限公司
印 刷：北京盛通印刷股份有限公司
经 销：新华书店 / 外文书店
开 本：700mm × 1000mm 1/16 **印 张：**14 **字 数：**175 千字
版 次：2018 年 4 月第 1 版 2022 年 9 月第 1 版第 7 次印刷
书 号：ISBN 978-7-119-11429-3
定 价：50.00 元

版权所有 侵权必究 如有印装问题本社负责调换（电话：68995960）